わたしたちを忘れないで
ドイツ平和村より

東ちづる

ブックマン社

アンゴラの少年のレインボーカラーのヘルメットは頭蓋骨《ずがいこつ》の代わり。鼻のチューブも痛々しい。

元気いっぱいに遊んでいてもどの子も時折寂しそうな表情をする。

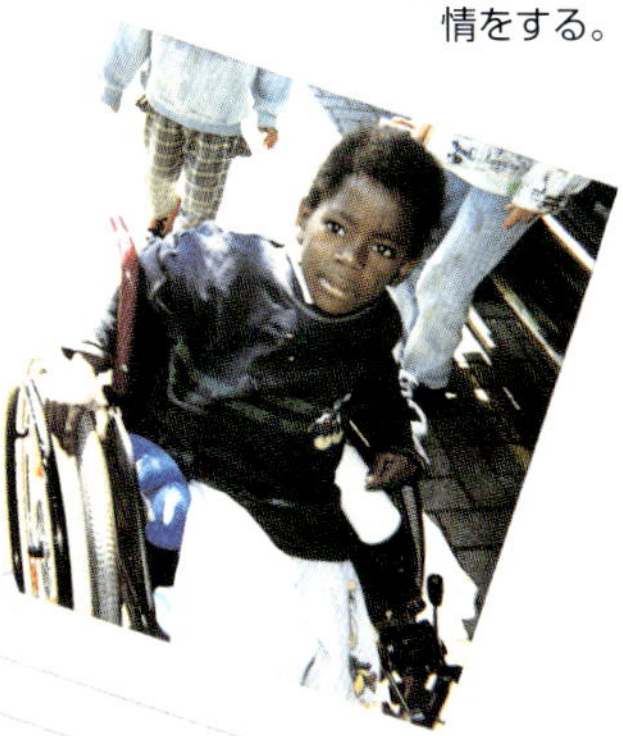

幼い子供たちは甘えたい盛り。一瞬の抱っこをとても喜ぶ。

アンゴラ、アフガニスタン、グルジア、ベトナム…国境を越えた子供たちの笑顔。どうか生きていて欲しい。

襟首《えりくび》を掴《つか》んで怒るマリア。タジタジのジョアオ。もちろんふざけているのだ。この後はキス。

ダンボール2箱分のカリフラワーを分けて洗った。もうクタクタ。

平和村スタッフのチェックがなくなった撮影。広い背中はカワハラD。

紙ヒコーキを作って遊ぶ。おもちゃがなくても子供たちは遊びの天才。

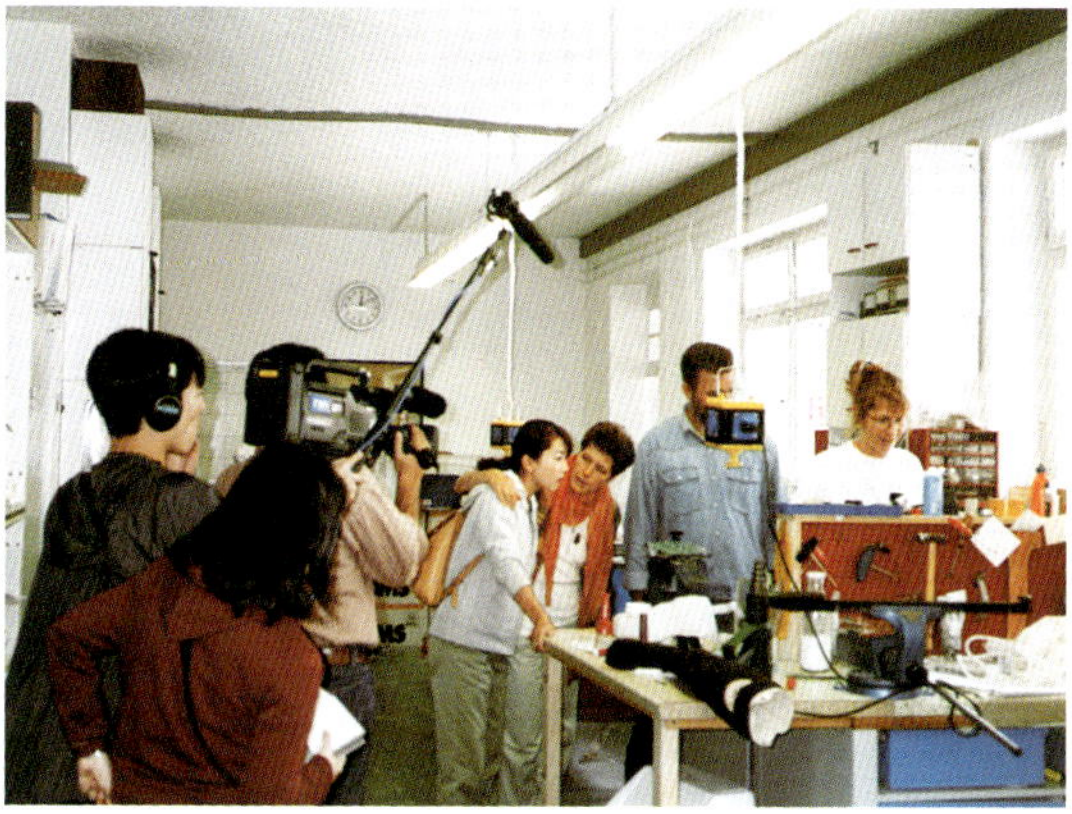

パルーシャの義足を作りにクラウディア先生と。技師や医者などたくさんのボランティアがかかわる。

いつも笑顔だが、やはり心は傷ついたまま。マリアンナの国の情勢は今もなお悪い。

鼻口の手術をまだ数回受けるシーラ。私の目をじっと見つめ、「私はあなたになりたい」と。

パルーシャの笑顔はこんなに愛くるしい。戦争は子供たちの才能も笑顔も奪う。

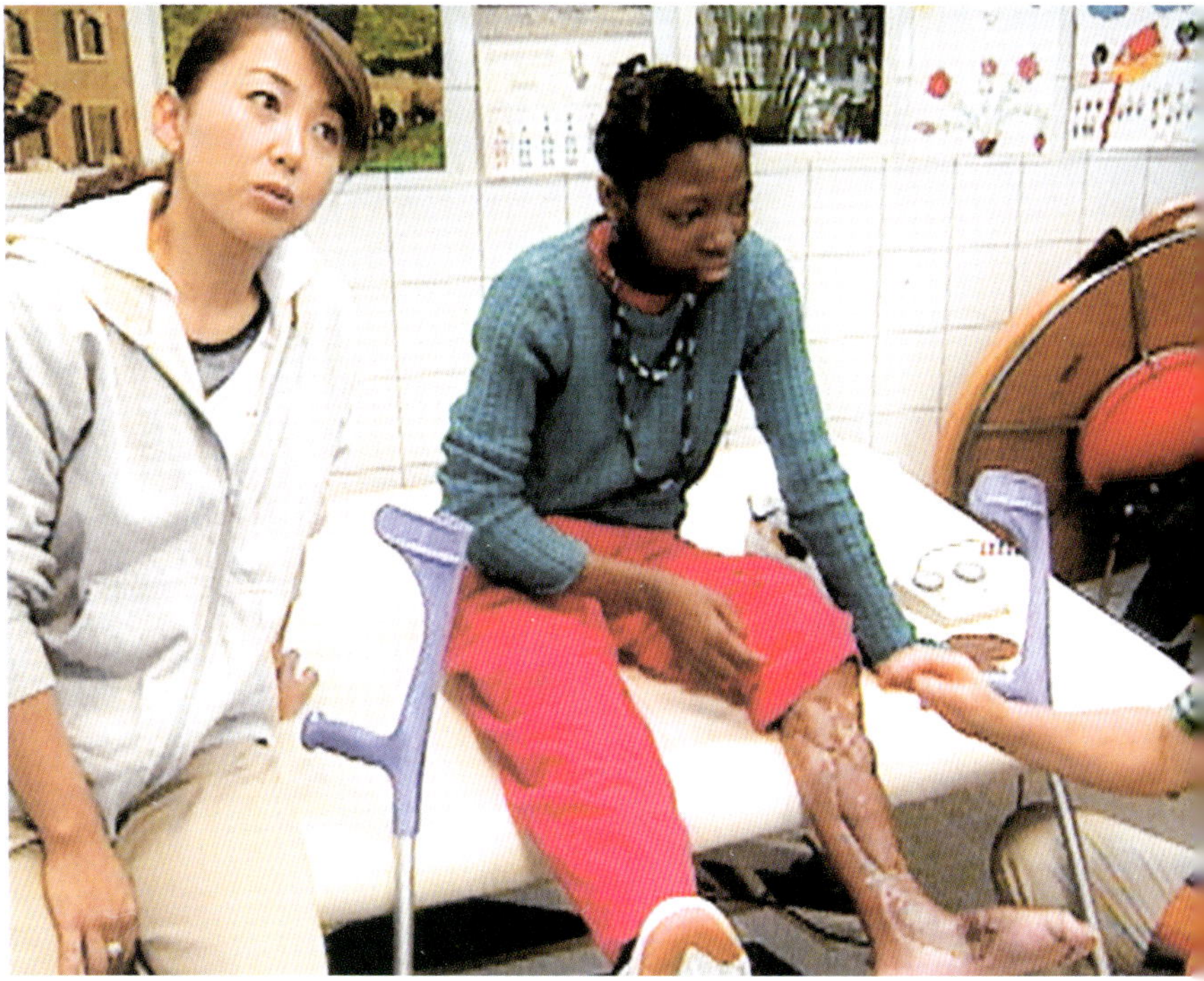

右足は足の付け根から失っている。かろうじて残った左足と義足と2本の松葉杖でリハビリをする。「アウア（痛い）」と呟《つぶや》くパルーシャ。

ドイツに立つ前のパルーシャと父親。ガリガリに痩せていた。

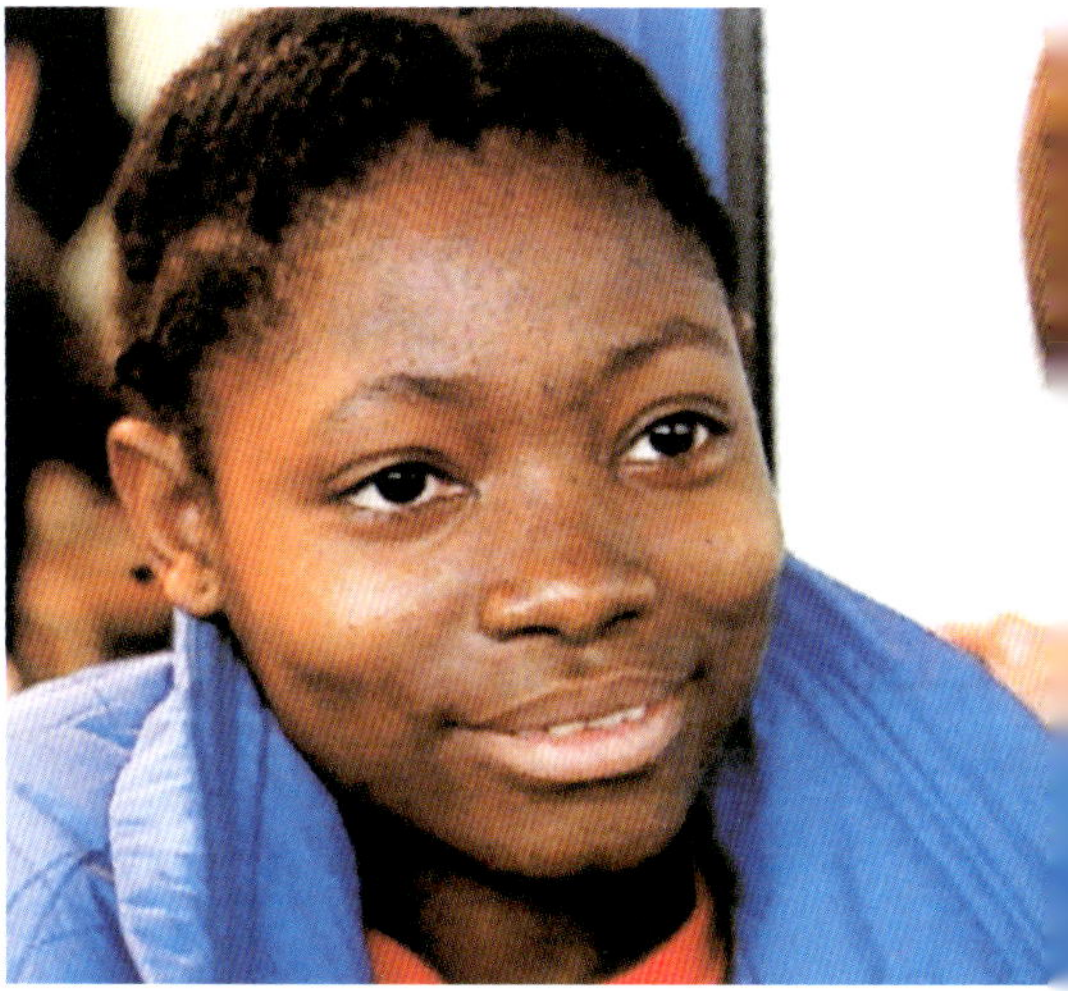

あしなが育英会の街頭募金活動。高校進学を諦《あきら》めなければいけない日本の豊かさって？

3枚目のポスターで初めて厚生省の3文字が入った。嬉しかった。

幻のチラシ。司会はＮＨＫの杉尾アナウンサーが。

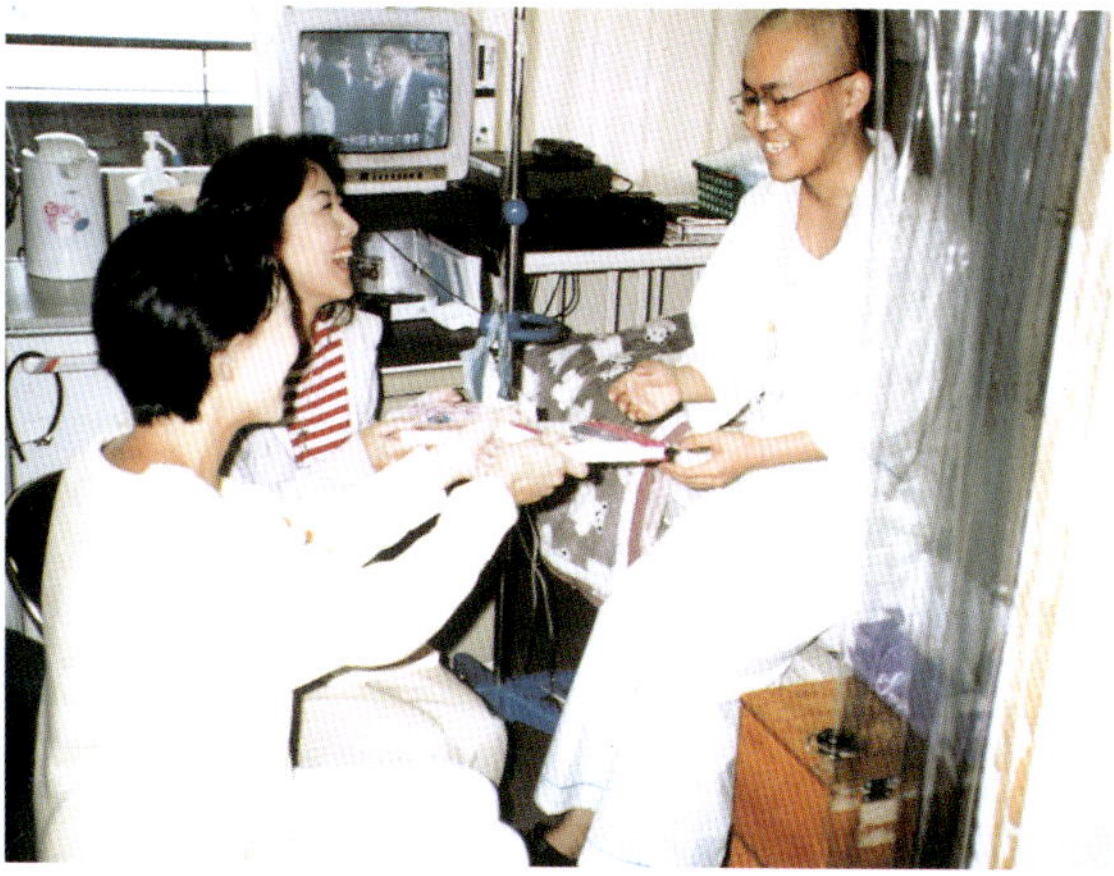

無菌室の患者さんと。病院によってはボランティアのお見舞いを嫌がるところも。なぜだろう？

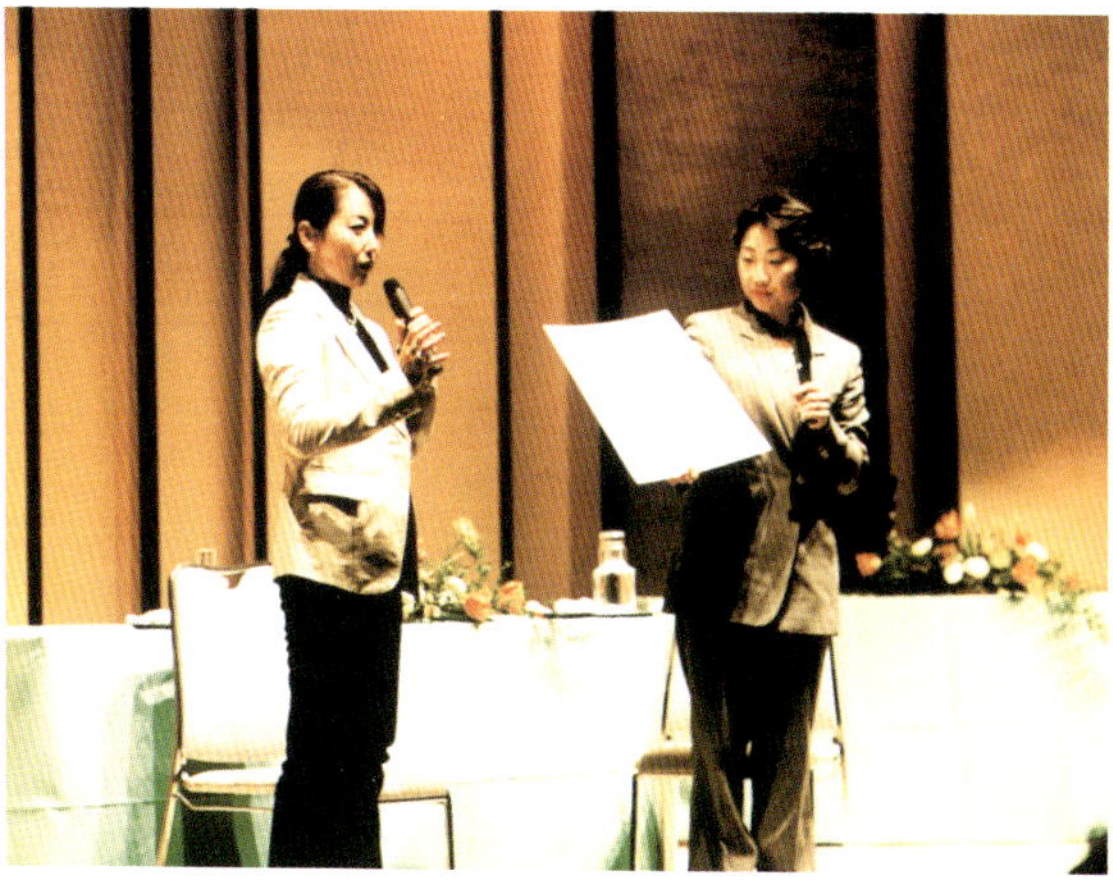

オオタニとボランティア講演。シリアスなことをわかりやすく、おもしろくをモットーに。

楽しんで募金を！　恒例となった栃木のボランティアによるチャリティコンペ。西那須野カントリー倶楽部にて。

あしながさんとしての喜びを感じる子供たちの自筆のハガキ。いつも近況報告をありがとう。

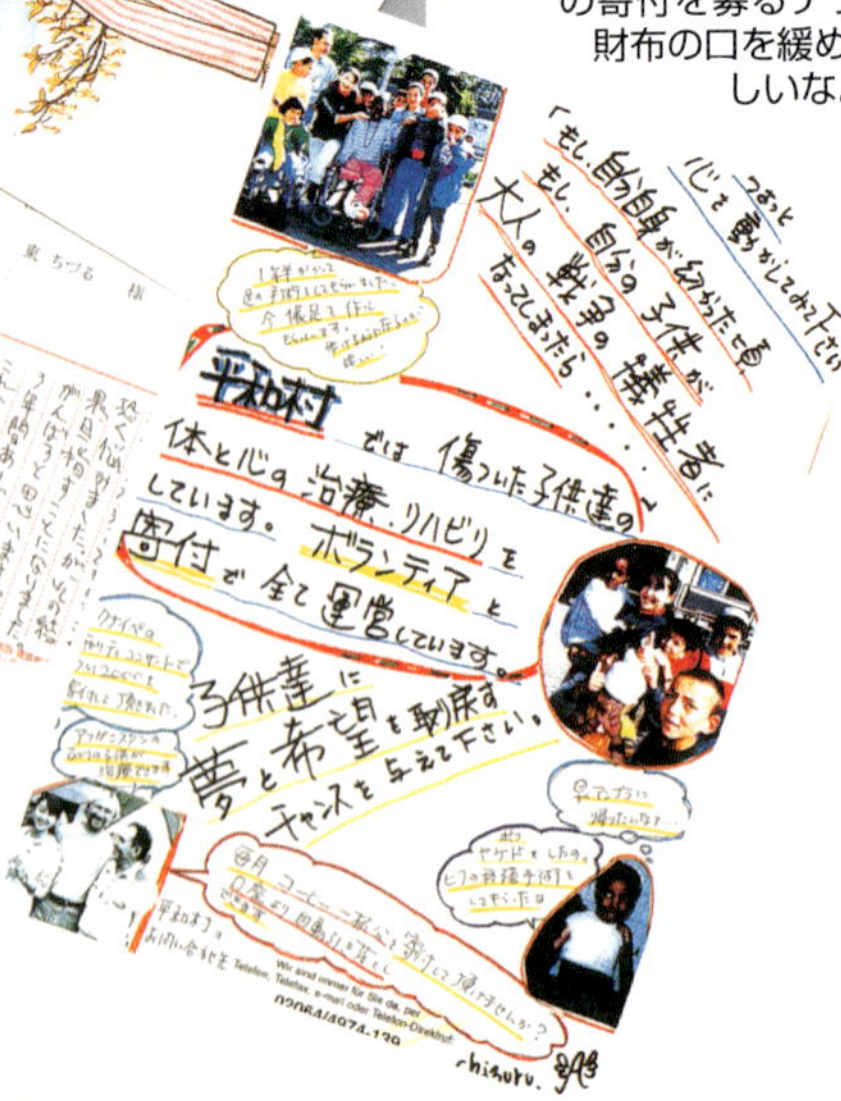

急遽《きゅうきょ》作った平和村への寄付を募るチラシ。財布の口を緩めて欲しいな。

2000年（辰年）の私が描いたポストカード。テーマはもちろん平和村。

ミサンガ。一目一目に平和村の子供たちの願いが。

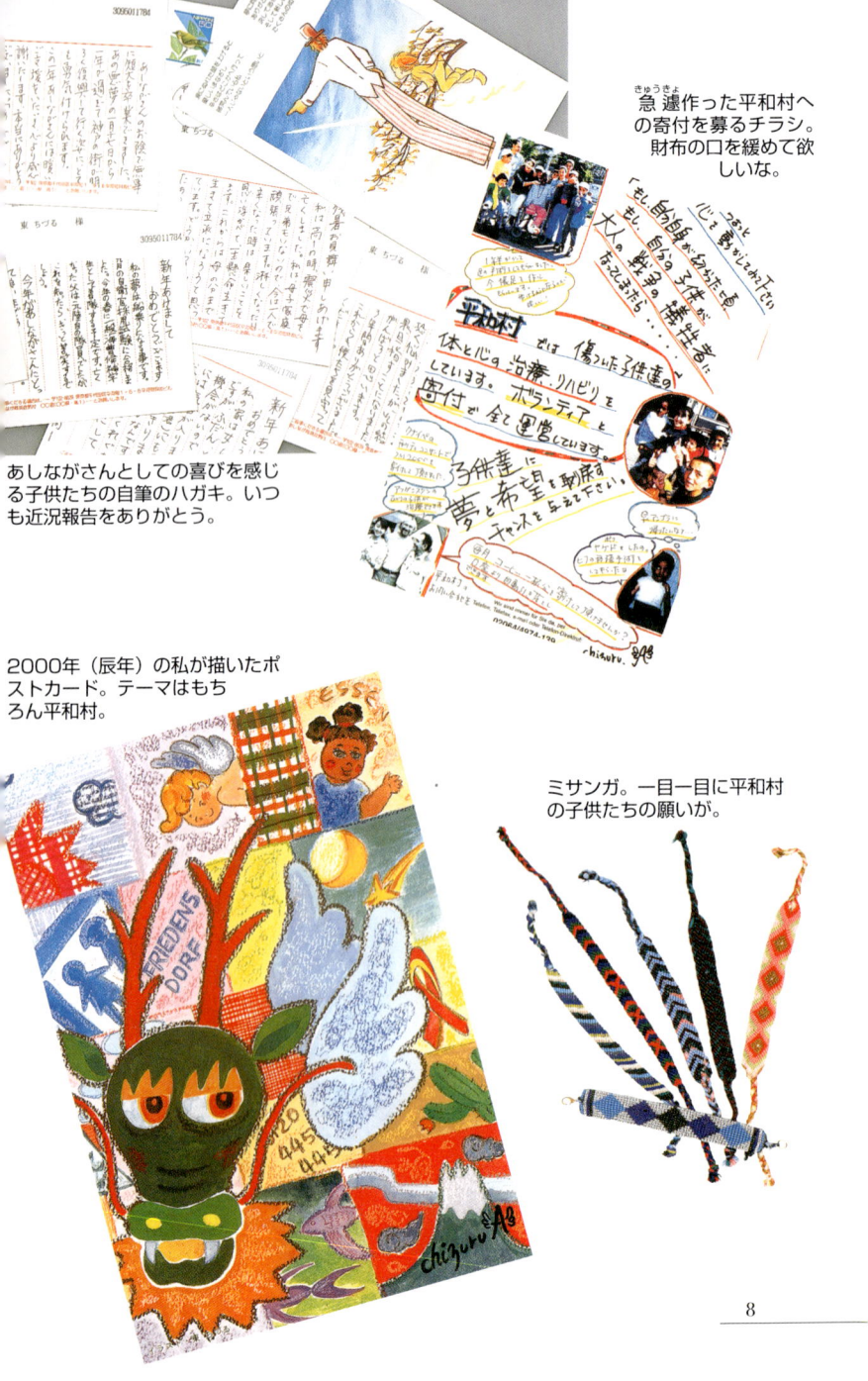

わたしたちを忘れないで　ドイツ平和村より

この本をお買い求め下さってありがとうございます。

あなたが支払われた金額の一部は確かにドイツ国際平和村に寄付となって送金され、戦争で傷ついた子供たちの治療、食事、渡航などに使われます。

この本のことを平和村のスタッフに伝えたところ、こんなお便りをいただきました。

親愛なるチィ

あなたは子供たちが抱えている問題を知り、そして彼らにとって、愛されるということがどれだけ大事なことなのか感じ取ることができました。実際に、子供たちが抱える数え切れないほど多くの問題が、愛されることで、また、たくさんの日本の友人の助けにより解決されました。あなたが世界中の子供たちと、世界の未来について書いたこの本は、さらなる問題を解決し、そして問題は解決するために存在するということを、人々に気付いてもらうきっかけとなるでしょう。平和村の子供たちの代表として、あなたと読者に感謝します。

Ronald Gegenfurtner

ロナルド・ゲーゲンフルトナー

はじめに

学校での勉強や成績、仕事、スポーツなどは、認められてナンボです。

ボランティアは、認められなくても全く構わない、やりたいからやってる、しかも楽しい

し、大変なだけだったらやめているというものです。

しかし、「表現をする仕事」をしている私としては、もっと何かできないかなぁ、と常々思

っていました。

そんなタイミングで、「世界ウルルン滞在記」でドイツ国際平和村を訪れ、放送後、たくさ

んの反響をいただきました。

そんな声があまりにもたくさんありました。

「もっと知りたい」

そこで、

こんな思いで本を書くことができました。

「もっと伝えたい」

平和村のこと、骨髄バンクのこと、ボランティアのこと、あなたに少しでも何か伝われば

幸いです。

ゆっくりページをめくって下さい。

目次

イラスト　東ちづる

装幀・本文デザイン　湯浅レイ子　ar

森　綾／佐藤恵子　ar

第1章

突然の出演依頼

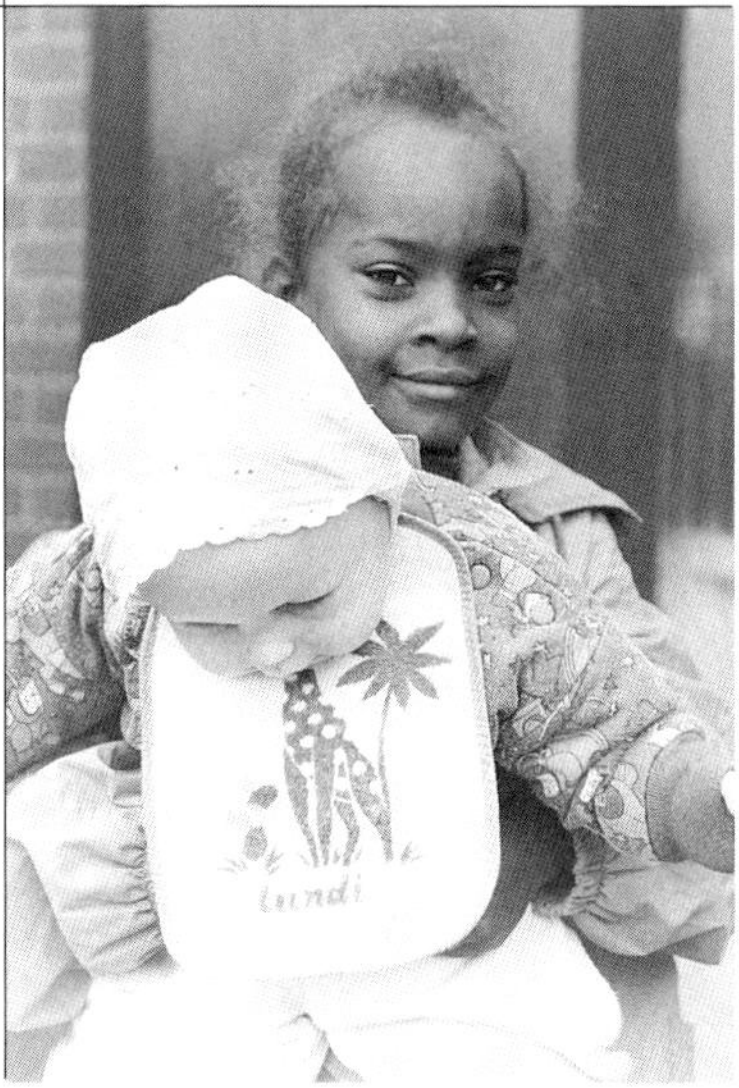

三週間後にドイツへ⁉

それって誰のドタキャン？

あまりにも突然だった。

外国のロケともなると、遅くても二カ月前には決定している。しかも、一週間以上の滞在、見知らぬお宅にホームステイ、マネージャーの同行もナシ。ある意味、慎重《しんちょう》になる仕事だ。

きっと、この仕事は誰かがドタンバでキャンセルしたに違いない。それで、急遽《きゅうきょ》私にお鉢《はち》が回ってきたのだろう。

たまにある話だ。

「いえ、それがどうやらそうじゃないんです。この企画は、ちづるさんでないと成立しないらしいんです。もし、ちづるさんがだめなら、この話はナシなんです。僕は、ちづるさんを行かせたいんです！　オオサキさんもコバヤシさんも同じ気持ちです！」

うーん、いつになく熱い現場マネージャー二年目のマツザワ。非常に珍しい。ベテランであるチーフマネージャー・オオサキやデスクのコバヤシ女史の名前まで出して来たゾ。よくよく聞いてみて、ドタキャンの代役などと疑った自分を恥じた。それどころか、私ありきの企画だなんて、こんな嬉しい話はそうそうあるもんじゃない。ありがたや。

さて、その内容とは。

ドイツの北西にオーバーハウゼンという街があり、そこに「ドイツ平和村」なるものがある。そこでは、世界各地の戦争で傷ついた子供たちを連れて来て、治療をし、リハビリをさせる。そして、再び子供たちの母国に帰す。全ては寄付金で成り立ち、スタッフは職員とボランティア。

いわゆるＮＧＯ（Non Governmental Organizations＝非政府組織《ひせいふそしき》）、ＮＰＯ（Non-Profit Orgnizations＝非営利団体《ひえいりだんたい》）である。

「行く。絶対、行きたい。決めて！」

私は、マツザワのたどたどしい説明を最後まで聞かずに、襟首《えりくび》を掴《つか》む勢《いきお》いだ。マツザワ相手にこんなにエキサイトするのは初めてかもしれない。

私は、八年前からボランティアと呼ばれる活動を続けている。中でも、骨髄《こつずい》バンクに関連する活動が主流だ。病気や骨髄《こつずい》移植、骨髄《こつずい》バンクなどの理解を呼びかけるための講演活動、シンポジウム、募金活動、病院見舞いなどで、全国を巡っている。

当面の目標は、骨髄《こつずい》バンクへのドナー（骨髄液《こつずいえき》提供者）登録が三〇万人に達することである。資格は、二〇歳から五〇歳の健康な人。日本の人口から考えれば、さほど難しくないはずである。

ところがどっこい、これがかなり難しいことなのだ。平成一二年七月現在で、登録者は一三万人足らず。まだ、目標の半分にも達していない。

先進国《せんしんこく》、経済大国の日本ではあるが、ボランティアに関しては後進国《こうしんこく》である。アジアの中でも、リーダーシップをとっているとは言えない。歯がゆい限りだ。

いつもボランティア仲間と、ナゼ!?　ドウシテ!?　と首をかしげて腕を組み、うーん…とうなだれてしまう。

その点、ドイツは福祉の国、ボランティアの国。これまた、ナゼ!?　ドウシテ!?　である。

そんな訳で、日頃からとても興味を抱いていた国、ドイツ。そのドイツが、今、目の前に！　ラッキー、神様、このチャンスをありがとう。

都合のいい時だけ、神に感謝である。

あの、無理なんです…

「いえ、あの、その、無理…なんです。ゼンゼン、ダメです。ス、スケジュールアウトなんですぅ」

「ヘッ!?……。あのねぇ。あんた、じゃあ何でこんな話を私にするのよぉ!!」

今度は、本当にマツザワの襟首《えりくび》をムンズと摑《つか》んでいた。

「って言うか、そうじゃなくてぇ、これを何とかしたいので、ちづるさんにご相談を…」

ジリジリと後ずさりをしている。

「レギュラーのスケジュールや今入っている他の仕事は、何とか無理をお願いして日を替えていただきます。それは、僕らマネージャーでやります。ですがちづるさん、沖縄に行きますよね。ボランティアで……」

ヒャー、アンラッキー……。やっぱり、神も仏もないのかも。

六月一九・二〇日と二日間にわたって沖縄で骨髄《こつずい》バンクの大イベントがあるのだ。半年以上も前から企画された、沖縄にとって初の試《こころ》みである。

シンポジウム、トークショー、全国会議と盛りだくさんの内容で、式典の出席者も豪華である。ふだんの私の活動は、ホントに地味でささやかで草の根的で、こんな華やかな舞《ぶ》台《たい》はめったにない。

しかも、トークショーにはゲストも出演する。演出家の宮本亜門《みやもとあもん》さんだ。出演するとは言っても、ボランティアなので無償。タダで一泊二日を拘束《こうそく》するのだ。

何を隠《かく》そう、亜門《あもん》さんに出演交渉をし、引っ張り出したのは私なのである。

亜門《あもん》さんは、沖縄を舞台《ぶたい》にした映画「BEAT《ビート》」の監督をしたのをきっかけに、自宅も住民票も沖縄に移している。亜門《あもん》さん御自身、沖縄に惚《ほ》れ、沖縄の方々も亜門《あもん》さんにあらゆる面で期待をしているようだ。

そこで亜門《あもん》さんにも、一肌《ひとはだ》脱いでいただきたいという声が上がった。となると、亜門《あもん》さんをくどく役目は同じ業界の私に、ということになる。

ふだん、私は、ボランティアの勧誘は絶対しない。そんなことをしたら友達をなくしてしまう。それに何よりも、ボランティアとは自発的な行為なのだ。原則的には、頼まれたり、誘われて無理をするものではない。

頼《たの》みの綱《つな》は、ある舞台《ぶたい》の演出をされ、私が楽屋《がくや》見舞いに訪れた時の亜門《あもん》さんのあのひと

言、

「ちづるちゃん、ボランティア地道《じみち》にやってるよね。僕で良かったら何かの折《おり》に声かけてね」

しかし、こう言って下さってるのは彼だけではない。でも、いざとなると、お誘いするということに今ひとつ踏み出せない私である。もしかしたら社交辞令《しゃこうじれい》かもしれないし、どこまで本気か分からないし。

亜門《あもん》さんは、私にとって大切な友人である。超いい人で、ピュアなので、人に頭を下げられると断われない人だと思う。だからこそ迷う。悩むのだ。

とりあえず、気軽にご相談っぽく様子を窺《うかが》おう作戦に出てみた。

すると、どうだ。

「うん、いいよ。スケジュール空《あ》けとくよ。まだ八カ月もあるし大丈夫」

拍子抜けするぐらいあっさりと快諾《かいだく》して下さったのだ。案《あん》ずるより産《う》むが易《やす》し。万歳三《ばんざいさん》唱《しょう》だ。

亜門《あもん》さんは、骨髄《こつずい》バンクについてもボランティアについてもほとんど初心者という立場で、私がトークをリードする形となった。気心《きごころ》の知れてるふたりなので、おもしろくなるだろうと期待も高まる。

そして、失礼のないよう、当日は私が亜門《あもん》さんのマネージャー代《が》わりを務《つと》めることにした。

そんなこんなのいきさつありの大イベントである。私自身、メチャクチャ気合いが入っていた。

——涙を呑んだ。

喉《のど》から手が出るほど、ドイツ、その平和村というところに行ってみたい！

でも行けない。これが現実だ。

沖縄では、もう宣伝用のチラシだって配布済みである。笑顔の私もバッチリ載《の》っている。

ウルルンの仕事は断らざるを得なかった。

マツザワもガックリ肩を落としていた。

クッソー。なんで、もっと早く言ってくれないいんだよ。なんで、この時期なんだよ。恨《うら》めしいーっ。逆ギレである。

ボランティアは犠牲感《ぎせいかん》あったらあかん!

その日の夜、ボランティア仲間のオオタニに電話をした。

オオタニは、元白血病患者で、日本の骨髄《こつずい》バンクの創設者のひとりである。今では、無《む》二《に》の親友だ。

こういう類《たぐい》のやるせない思いは、彼女が一番分かってくれる。一緒に残念がって欲しかった。

ところが。

「ちづるさん、何言うてんのん⁉ ちょっと、それ行って来てぇ。ドイツ! あんた日頃から講演でも言うてるやん、ボランティアは犠牲感《ぎせいかん》あったらあかんて。そやろ⁉ 私ら皆、ドイツに興味あんの知ってるやん。見て来てぇ! 報告してぇ! 沖縄は大丈夫や。私らで何とかするわ‼」

ナニワ娘のオオタニは、エキサイトするとバリバリの関西弁になる。

私は、受話器を持つ手がちょっと震《ふる》えた。ちょっとの間、言葉が出て来なかった。

「ありがとう」

と言うのが精一杯で、それもちょっと涙声《なみだごえ》だったかもしれない。

そして、亜門《あもん》さんは、

「じゃあ、そのオオタニさんという人と頑張るよ。いい仕事して来てねー」

と、少し不安な気持ちを隠《かく》すように、明るく言い放ってくれた。感謝！

ドイツ出発の三週間前に、二日間に亘《わた》るこの大騒動。私は、しみじみとボランティアの初心を思い出した。

やりたい！　という突き動かされるような気持ち、そして、あってはならない犠牲感《ぎせいかん》。あのまま沖縄に行っていたら……。

オオタニをはじめとするボランティア仲間や沖縄のスタッフ、関係者の皆さんには、多大なご迷惑をかけ、そして理解していただいて、本当に本当に感謝の気持ちで一杯である。学校や仕事、趣味では得られない仲間。だからボランティアはやめられないのである。

こうしてめでたく、ウルルン滞在記のリポーターに初挑戦となった訳だが、この時はまだ、ドイツ平和村はどんなところなのか、何が待っているのか想像もつかなかったのである。

番組は皆のセンスの集合体

都内のホテルのロビーで、ディレクターのカワハラさんと打ち合わせを行うことになった。

私は、ウルルン滞在記の解答者席には三年座ったが、リポートVTR担当のディレクターとはどなたともお会いしたことはない。初顔合わせだ。

テレビ番組というものは、実にたくさんの人間がかかわっている。

プロデューサー、ディレクター、カメラマン、VE(ビデオ・エンジニア)さん、照明さん、音声さん、スタイリストさん、ヘアメイクさん、大道具さん、美術さん、構成作家さん、記録さん、MA(マルチ・オーディオ)さん、編集マンさん、リサーチャー……フー、全てを掲げるのはやめよう。とにかく、番組は、出演者はもちろんのこと、制作者全員のセンスの集合体である。なかでもリポートものは、リポーターにとっては、ディレクターとのセンスや人柄との相性などが、大変重要となる。

初めて会ったその日から、旧知の仲のようにコミュニケーションがとれることもあれば、最後までお互い何をメッセージしたいのか摑《つか》めず不安極まりない作品作りとなることもある。それが全て作品の良し悪しに影響されるかと問われれば、そこが視聴率の不思議。私には、未《いま》だ分からないことが一杯のテレビの世界だ。

テレビは魔物《まもの》、お化け、う一ん、だからおもしろいと言えるのかもしれない。良い作品を作りたい！　何かメッセージを伝えたい。そして、何よりも楽しくなければ！　なんてったって、一週間の共同作業である。

正直、ディレクター様がどんな方なのか不安だった。同じ道を歩めるのだろうか？　ここだけの話、私はエリートディレクターが苦手である。そういう人を、私は心の中で〝キャリア〟と呼んでいる。

分かり易く言えば、自分が一番正しいと思ってる人。そういう人は頭の中にガチガチのフォーマットがあり、ただそれをリポーターになぞらせる演出をするのである。お勉強はたくさんできて、お受験にも大成功を収めたかもしれないが、センスは？　だいたい、番組というのはひとりで作っていると思ったら大間違い。一緒に悩んで試行錯誤《しこうさくご》して……あれれっ、何だか私、溜《たま》っているのかしら。失礼。まっ、そんな人は極僅《ごくわず》かでしょう。とにかく、今回はボランティアものである。「うまくまとめよう」としているディレクターだったら嫌だなぁー。なんて、私の心配性がチラチラ顔を覗《のぞ》かせる。

いよいよ、ディレクターのカワハラさん、登場！

元漁師のディレクター!?

ありゃー私が予想していた方とまるっきり違う。アメフトのユニフォームを着てるかのようなガッチリとしたがたい。刈り上げてはいるがボサッとしたヘアスタイル。ガン飛ばしたらビシッと決まりそう。

片手でポリポリ後頭部を掻《か》きながら、

「すんません。遅れてすんません」。

いきなり、子供のような照れた笑顔になった。

(わぁ…。大丈夫かも……)

インスピレーションは大事である。大きくはずれることもあるが、それはそれ。お互いに「よろしくお願いします」と挨拶をした。早速、サクッと本題に入るのかと思いきや、カワハラさんは、

「東さん、因島《いんのしま》出身ですよねぇ。僕、シモカマカリジマ出身なんです」

と目を輝かせた。

「はっ? それ、どこですか?」

と、私。

一瞬、カワハラさんは、それはないだろうと言わんばかりの裏切られたような表情になった。しかし、すぐに元気一杯の笑顔で、

「シモカマカリジマですよぉ！　瀬戸内海の。僕、そこで漁師してたんです！」

はぁ!?　この人、何言ってんだ？

きっと私は、これ以上ない〝キョトン顔〟だったであろう。

カワハラさんは、広島県の下蒲刈島《しもかまかりじま》に生まれ育ち、高校卒業後は地元で漁師になった。しかし、このままでは漁師として日本一にはなれそうもない、と上京。

そこで、何故かこの業界でAD（アシスタントディレクター）からスタートしたそうだ。

瀬戸内海には無数の島が浮かぶ。中でも因島《いんのしま》は一島一市で大きい島だ。ちょっと自慢である。

「ねぇ、下蒲刈島《しもかまかりじま》って信号無いでしょ」

「はい！　ありません。僕、よく船で因島《いんのしま》に遊びに行きましたよ」

何だか、変な方向に話の花が咲いてしまった。同席している、プロデューサーのフジムラさんもマツザワも微笑《ほほえ》みつつ戸惑っている。

「あのう、僕、今回頑張ります。ボランティアの世界全然分かんないので、勉強します。

頼りにしています」

このひと言で、一気に余分な肩の力が抜けた。

「私も、頼りにしています。ドイツも平和村も、私、全然分かんないんです」

心なしか、カワハラさんもホッとした様子。

「世界ウルルン滞在記」のリポーターは新人さんや若い人が多い。突然のオファーでも受け入れてくれ、比較的スケジュールも空《あ》いており、事務所側としても、「可愛い子には旅をさせろ」的思いがある、という条件が揃《そろ》い易いからであろう。それに、何よりも新鮮な感じがイイ。

どうやら、カワハラさんは、自分より年上のリポーターということで緊張していたらしい。ちなみに、私は彼よりも四歳上。しかし、見た目には、うーん、どうだろう。

東さん、何をしましょうか?

さあ、いよいよ打ち合わせである。

彼は、ロケハン（前もって、取材先を下見をすること）から戻ったばかりである。

「東さん、何をしましょうか？」

はぁ⁉　この人、何言ってんだ⁉　第二弾。それは私のセリフである。

「あの、『平和村』って、どんな村なんですか」

「僕も、村かと思ったんですよ。でも、違うんです。そういう名前のところです。行けば分かります」

「……」

「……」

ふたりとも、何をどう打ち合わせをしていいのか流れが読めない。「ウルルン」のリポートは、行き当たりバッタリ、何が起こるか予想不可能という噂は、どうやら本当のようだ。滞在一週間のスケジュールもないらしい。

――そんな仕事したことない。

楽しいからボランティアをやってる

「それにしても、平和村の人も東さんもエライっす。ボランティアしてるんスからねぇ。仕事を辞めてボランティアに打ち込んでる男性がひとりいるんで、その人も取り上げたいと……」

「あの、ボランティアをしてる人が立派とかエライとか、そういう撮り方はしないで下さいね。皆、ごく身近《みぢか》の普通の人だと思います。楽しいからやってるんです。仕事を辞めてまでというのも、それは、辞められる状況だということです。ボランティアだけで生活できるのは羨ましいですけど」

「はぁー、なるほどぉ」

目をまん丸にして感心するカワハラさん。

感情が分かり易く表情に出る。正直兄さんだ。

とにかく行く!

「何がしたいですか?」

と、問われてもあまりにも情報がなさすぎる。

「うーん。どうしましょう。想像するに、体の傷は治療できても心の傷はちょっとやそっとじゃ癒《い》えないと思うんです。私は、子供たちが何を望んでいるのかが一番知りたい。希望や夢を失くしてないかが心配で……。平和村の子供たちの喪失感は、きっと私たちには想像できないと思うんですよね」

「はぁー、なるほどぉ。その辺、ゼヒ子供たちに聞いてみて下さい。他は？」

「うーん。あのう、番組の流れは？」

「何も決まってません。行ってみないと何とも……」

「はぁ……」

「今までのウルルンとは全然違うんで。東さんが何かにチャレンジする訳でもないし、ホームステイ先の人をお手伝いする訳でもない。かと言って、こちらが平和村です、とリポートする訳でもない。強《し》いて言えば、どれだけ平和村に入れるかだと思うんです。とにかく、初めてのパターンなんで」

カワハラさんも困り顔である。きっと、いつもはリポーター側から、アレしたい、こうしたいという要望があるだろう。

しかし、ボランティア活動って需要《じゅよう》と供給《きょうきゅう》のバランスが大切なのだ。平和村が何を求めているのか？　こちらで良かれと思って行動しても、ありがた迷惑の自己満足では目も当てられない。かと言って、ドイツで充分に時間がある訳でもない。たったの一週間なのだ。

こんなので、本当に一時間番組ができるのだろうか。ＶＴＲ部分約四〇分。何をして埋めるのだろう……。

打ち合わせは、一時間近く経過しても何も具体的に決まらなかった。こうなると、不安なんていう確かな感覚もどこへやら。

ふたりの結論は出た。

とにかく行く！　行ってから考える！　これしかない！

何だかサバサバした気分になった。あれこれ考えても、海のものとも山のものとも、とりあえず山より大きい獅子《しし》は出ん。

思えば、ボランティアを始めた時もそうだった。この頭でどうシミュレーションしようと、思い通りにはほとんどならない。今から、何かをやり遂《と》げようなんて考えるほうがおこがましいと言うもんだ。

それに、カワハラさんとなら右往左往《うおうさおう》するのもオツなもの。

Don't Worry. Be Happy. の精神でいこう。これ、私のモットーである。

開き直りともとれる、こんなザックリとしたノリでスタートを切った。

なぜ、私だったのか？

ボランティアのきっかけ

なぜ、「アズマがＯＫならドイツロケ決定」などという嬉しい企画であったか。それは「東さんはボランティアをしているから」だそうだ。ふーん、単純。

では、ここでその活動を始めるようになったきっかけを書いておこう。

八年前。三二歳。

私は、ボランティアのボの字にも手を出していなかったし、意識も薄かった。

ある日、キッチンで洗い物をしていると、テレビに因島《いんのしま》が映った。ワイドショーのドキュメントコーナーのようだ。芸能ネタや下世話《げせわ》なものはあまり好きではないなぁーと思いつつチャンネルをいつのまにかあわせてしまうのがワイドショーだ。その手の番組には、随分痛い目、理不尽《りふじん》な目に遭ってきたからねぇ。しかし、確実に〝世間の今〟を伝えてくれる。

故郷《ふるさと》モノは見なきゃねと、母とダイニングテーブルに座った。懐しい景色をバックに、一七歳の少年登場。スラッと背が高く、なかなかのナイスガイ。銀ぶちメガネも知的で似合っている。

少年は、はにかみつつも淡々とインタビューに答えていた。

彼は、自分は慢性骨髄性《まんせいこつずいせい》白血病である。こんな病気になって驚いている。将来はどうなるんだろう…。そんなことを言っていたと思う。

と思う、と言うのは、私は軽くパニクッてしまったのだ。

私も一七歳の頃、あの島にいた。

バラ色とはいかなくても、当たり前のように将来はやってくると信じていた。イヤ、信じてるなんて意識はこれっぽちもなくノホホンと暮らしていた。悩んでいることと言えば、片思いの彼や受験に関してくらいで、病気や死についてはほとんど考えたことはなかった。

それに、因島《いんのしま》そのものが〝生〟のエネルギーで溢《あふ》れているのだ。

青い空、澄んだ空気、緑の山、穏やかな海。都会のような高層ビルや高速道路は無いけれど、時間はゆっくりと流れ、島の全てに息吹《いぶ》きを感じる。

あの島で、彼と彼の家族は病気と闘い、チラつく死の影に怯《おび》える日もあるのだろうか。

それにしても、長い病名である。慢性《まんせい》ということは急性もあるのだろうか。骨髄性《こつずいせい》ということは、他の何とか性《せい》というのもあるのだろうか。白血病は白血病としか聞いたことがなかったのに。

少年は、恨《うら》みつらみを言うでもなく、その笑顔は爽やかだった。それが余計にグッとくる。母と私は、涙と鼻水でもうグシュグシュのグチャグチャである。

そして、そのドキュメントが終盤にさしかかった頃新たな情報が流れた。

「骨髄《こつずい》移植をすれば、助かるチャンスがある。しかし、骨髄《こつずい》バンクには――」

えっ？　白血病って不治の病じゃなかったの？　だって、映画やドラマで記憶にあるのは、白血病に侵《おか》された色白《いろじろ》の美少女が美少年と恋に落ちるが、はかなく天国へ召される、そんなストーリーである。

じゃあ、骨髄《こつずい》移植ってなあに？　彼はそれをできないの？　骨髄《こつずい》バンクってなあに？と、たくさんの？マークが私の頭の上に飛んだところで、スタジオに戻った。

そして、司会者が沈痛《ちんつう》な面《おも》もちでそのドキュメントコーナーを締《し》めた。

「頑張って欲しいですね」と。

その瞬間、私の中でイヤーな何かがパチンと弾けた。

少年のメッセージを知りたい

違うよ。そのまとめ。もう、彼は頑張ってんじゃん。だって、頑張んなきゃしょうがないんだもん。なのに、更に頑張れって残酷だよぉ。あまりにも他人事《ひとごと》過ぎる。もうCMに変わっている画面に向かって、文句を言った。ティッシュで鼻を押さえてる母もほんとにそうね、と目が怒っている。

きっと、少年と彼の家族は今の放送を見たであろう。どう感じただろうか。冷静になってみると、お涙ちょうだい的ナレーション、ザ・ワイドショーチックな構成だった。

少年は、なぜテレビに出演したのだろうか。芸能人の私でさえ、プライベートを公開されるのはおもしろくない。時にはヒドく酷《こく》なことである。

芸能人が、恋人発覚《はっかく》か？　離婚か？　などと騒がれると記者会見をする。あれだって、決して好きでやってる訳ではない。ほとんどの芸能人が、プライベートは放っといて、仕事だけ取り上げてと思っているはずだ。（金屏風《きんびょうぶ》の前で張り切っちゃってる方たちは別、たぶん）しかし、そうでもしないと家に押しかけられ、呼《よ》び鈴《りん》を鳴らされ、ひどい芸能リポーターになると無理矢理部屋に上がろうとするわ、車やバイクで追いかけ回すわで身心共にクタクタになるのだ。まるで犯罪者のような気分になる自分が情けない。仕事関係者や近所にも多大なる迷惑をかけることになる。そこで、きちんと場所と時間を決めてお話ししますのでもう勘弁して下さい、となる訳である。

そうは言っても、有名税と言われれば反論しようがない。芸能人の幸、不幸は蜜の味。そういう意味では、プライベートは無いのかもしれない。結構、傷ついたりしてんだけどなぁ。

しかし、少年はナゼ？

多感な思春期一七歳である。病気を公《おおやけ》にするなんてかなりの葛藤《かっとう》があったはず。同情なんてまっぴらご免と思ってるからこそ、あの笑顔だったんだろう。

何かメッセージがあったはずだ。

しかし、それが何なのか私たちには伝わらなかった。彼のせいではない。

気付いたら少年の家に電話してた

モヤモヤとした熱い何かが私の中で蠢《うごめ》いた。いてもたってもいられない、そう表現するのがピッタリであろう。

ＮＴＴの番号案内で、少年の電話番号を調べた。幸い、因島《いんのしま》では珍しい名前だったので苦労することなく分かった。

私だって、マスコミの仕事をする端《はし》くれ。私があの番組の司会者だったら、あんなコメントはしない！　立場上、感情移入まではできなくとも、あの少年が出演した意味を考えるコメントをする。そんなことばかりが頭の中でグルグル回り、何をどう話すのか全く整理がつかないまま電話をしてしまった。デンジャラスな性格である。そして、ほーら、案の定…という結果になる。

電話の向こうには、少年のお父様。

「私、因島《いんのしま》出身の東ちづると申します」

「はぁ……」

リアクション薄し。はれっ!?　私のこと、分かっていただけないの？　少々、焦《あせ》る。

「あのう、私、テレビに出ていますので」

「そうですか！　私もね、先日テレビに出たんですよ」

「いいえ、あの、そうではなくて――」

なんておまぬけなこの会話。私のモヤモヤとした熱い何かが宙に浮いた。お呼びじゃない!?　ハラホロヒレハレー、赤面である。

何だかなぁー、勇《いさ》み足だったのかなぁー、芸能人の浅はかさだよなー、なんて恥じ入りながら、それでも、私にできることは何でもしたい！　ということを伝えた。しどろもどろもいいとこだったと思う。

それから、白血病について、骨髄《こつずい》移植、骨髄《こつずい》バンクについて学習した。自ら資料を取り寄せ、知識を身につけようなんて、仕事以外では初めてのことである。学生時代、これぐらいの意欲があれば受験ももっと何とかなったのに。なんて、チラッと反省しつつ。

兄に生きていて欲しいです

それから数日後、少年の妹さんから手紙をいただいた。

だいたいこんな内容だ。

父は、ニュース以外ほとんどテレビを見ないので失礼をしました。（いえいえとんでもない。あれは私の芸能人の驕《おご》り、田舎っぺ丸出しでございました）

兄の慢性《まんせい》骨髄性《こつずいせい》白血病は、普段は普通の生活を送っていて、他の人と何ら変わりはありません。しかし、急性転化《きゅうせいてんか》という状態になると、大変危険です。それは、いつやってくるのか分かりません。

治療法は、今のところ薬の投与ですが、骨髄《こつずい》移植を受けたいと考えています。

そのためには、骨髄《こつずい》提供者（ドナー）が必要です。が、現在の骨髄《こつずい》バンクには登録者が少なくて、まだ適合者が見つかりません。

骨髄《こつずい》バンクの知名度はまだ低く、誤解も多いようです。

そこで、登録を募るポスターを制作して欲しいのです。モデルはちづるさんで。

絶対に兄を死なせたくない。

私は、兄に生きていて欲しいです。

初めてのボランティアはポスター作り

よし、作ろう。これっぽっちも迷わなかった。〝生きていて欲しい〟このひと言で充分だった。私には、二歳下の妹がいる。もし妹が……と一瞬考えた。父が、母が…恋人が……。放っておける訳がない。

カメラマン、スタイリスト、ヘアメイク、コピーライター、デザイナー、呼びかけて断わる人は誰ひとりいなかった。スタジオ使用料と印刷代は、出せる人で出し合った。

撮影には、少年のお父様と妹さんも立ち会って下さった。フィルム交換時に、妹さんから耳打ちをされた。

「ちづるさん、いつもの自然な感じ、何も気負わない笑顔で！」

なるほど、どうしてもメッセージを伝えようと意気込んでしまうのかも。一六歳の素人《しろうと》、なかなかやるなぁ、と感心しきりだった。

出来上がったポスターは、広島を中心に全国各地の知り合いに配送した。人目に付くところに貼るようにお願いして。

そして、その三年後には、〝厚生省〟の三文字が入ったポスター作りに取り組むことになる。もちろん、同じメンバーで、同じくノーギャラ。違ったのは印刷代で自腹を切らなくてもいいという点だった。画期的《かっきてき》進歩！

こうして、私のボランティア活動は、大胆に勢いだけで始まった。イヤ、最初のポスターを作った段階では、ボランティアという自覚は皆無《かいむ》だった。じっくり深く考えていたら尻込《しりご》みしていたかもしれない。

私も無知であったが、時代もまだ無知だったのだ。無知故《ゆえ》の怖い物知らずだった。

ボランティアって何だろう？

心が動かなければ気付かない

自分が無知であると気付かずに踏み込んだ世界、ボランティア。

無知＝《イコール》ゼロからのスタートは、発見ばかりだ。何枚のウロコが目から剝《は》がれていっただろう。その枚数だけ、それ以上に自分が変化していくのがわかる。もしかしたら、それを〝成長〟と呼んでいいのかもしれない。ほんの少しずつだけど。

あぁ、この齢《とし》で〝成長〟を実感できるなんて。しかし、逆を言えば、人間としてちっとも成長していなかったトホホな私であるということだ。もっと早く、ボランティアの世界を知っていたら……。何言ってんの、鱈《たら》は北海道、である。

確かに、きっかけはあのワイドショーだった。しかし、きっかけなんてもんは、それまでにゴロゴロと転がっていたはずだ。

地球上にはたくさんの病気や障害があるし、相手が人間ではなくても、動物、自然、建物など、あらゆるところでボランティアは必要とされている。

ただ、それまでの私のアンテナではキャッチできなかっただけである。心が動かなければ、気付かないのだ。

あの頃、私はたまたま〝自分の生き方〟について、頭が破裂しそうなくらい思い悩んでいた。

私の身にスキャンダルが起こり、必要以上にマスコミは騒ぎ、誤解され傷ついていた。闇を彷徨《さまよ》うように一日を過ごし、息をするのも億劫《おっくう》な気分だった。マスコミって何なの⁉ 自問自答のラビリンス。ブルーワールドにどっぷりはまっていたのだ。

だからこそ、あの番組作りにひっかかりを覚えたのだ。一般の方をも野次馬的に扱う気⁉ なーんて熱くなったのだ。

心が動き、体も動いた。

そういうタイミングだったのだ。

いつものヘラヘラ状態の私だったら、涙して終わりだったかもしれない。

あれから八年。

世間の流れは随分《ずいぶん》変わった。今や、ボランティアはさほど珍しいことではない。しかし当初は、予想だにしないリアクションも受けた。ボランティアなんてのは〝売名行為《ばいめいこうい》〟だの、〝パフォーマンス〟だのと表現する評論家もいた。あくまでもプライベートな活動なので、公《おおやけ》にしていなかったし、認めてもらおうとか誉めて欲しいなんてちっとも考えていなかった。評価なんていらないから、そっとしておいてね、邪魔しないで下さいって感じだった。

ボランティアの語源は火山

さて、それではボランティアって何だろう？

奉仕活動？　慈善事業？

ブッブッー！　不正解である。

では、英和辞典を開いてみましょう。

Volunteer は、自発的な行為と出ているのだ。他には、志願兵ともある。

要するに、『自発的な無償の行為・活動』である。なんて簡単なんでしょう。

子供の頃教えられた意味は、微妙にズレていたのだ。

奉仕はサービスだし、慈善はチャリティーである。

ある資料によると、ボランティアの語源はボルケーノ＝火山からきているそうだ。噴火するような沸《わ》き立つ思い、いても立ってもいられないつき動かされるような——そんなところだろう。

なーんだ、私のボランティアの始まりそのまんまじゃん。本能的、野生的でＯＫだったのねー。

日本でもボランティアは根付いてきたとは言え、まだまだストイックなもの、敷居の高いものというイメージがあるようだ。

「エライわねぇ」「立派ねぇ」「タイヘンねぇ」と、声をかけられることがたまにある。ちょっと困る。

エラクなんてないし、立派でもない。ただやりたいからやってるだけ。という極めてシンプルなもので、全く特別なことではない。それに、タイヘンだぁー、なんて負担に感じたらとっくにやめている。

ハマッてしまうボランティアならではの楽しさ、おもしろさ、悔しさ、理不尽《りふじん》さがある。それが、ドイツ平和村を訪れて、ますますハマッてしまうことになる。そしてまた、目からウロコがハラリ、ハラリと落ちていくのだ。

骨髄《こつずい》バンクをもっと知って欲しい

せっかくなので、この場を借りて骨髄《こつずい》バンクの理解も深めていただきたい。骨髄《こつずい》バンク、骨髄《こつずい》移植というこの名詞。何だか怖い。骨という字がたくさんあるからだろう。

しかし、イメージだけでビビッていてはイケマセン。怖そうな顔の人が、実は非常にナイーヴで優しい人というのもよくある話。ちょっと例えがズレてるね。

まず、骨髄《こつずい》移植という治療法。

提供者（ドナー）は、腸骨《ちょうこつ》というハート型のおしりの骨から、注射器で骨髄《こつずい》液を採取する。痛いので、もちろん麻酔をする。

骨髄《こつずい》というのは、言わば血液の工場で、骨の中にある。見た目はドロリとした濃い血のようだ。腸骨《ちょうこつ》が一番採取しやすいらしい。

さて、ここからどうするでしょう?

なんと、その骨髄《こつずい》を患者さんの腕の静脈《じょうみゃく》から注入していくのである。患者さんの骨髄《こつずい》は、前処置と言って、放射線で全てを無くしている。

すると、骨髄《こつずい》は帰省本能《きせいほんのう》を持っていて、ちゃんと骨の中に生着するのだそうだ。人体の不思議。

早い話、点滴や輸血のようなものだとお考えいただきたい。脊髄《せきずい》も、メスも全く無関係、無用なのである。安心するでしょ？

しかし、そういうことなら私の骨髄《こつずい》をどうぞ！　と、そう簡単に問屋は卸《おろ》せないのが悩みどころである。

ドナーになるためには、白血球の型（ＨＬＡ）が適合しなければならないのだ。

血液中には、赤血球、血小板、白血球があると、理科の授業で習ったはずだ。赤血球にはＯ、Ａ、Ｂ型がある。私たちが血液型と言っているＡ、Ｂ、AB、Ｏ型はこの赤血球の型が組み合わさったものである。血小板は、血を凝固する作用、かさぶたを作る役割。そして、悪い菌と戦う白血球にも型がある。その型が、何万通りもあるというのだからやっかいである。この白血球の型が適合する確率は、兄弟間で四分の一。しかし、この少子化時代に四人兄弟を望むのは至難《しなん》の業《わざ》。他人様の骨髄《こつずい》に頼らざるを得ないのだが、他人間での適合は、何万分の一という気が遠くなるような確率となるのだ。

そこで、骨髄《こつずい》バンク登場！　となる。

とは言っても、登録者が全然足りないというお粗末な日本の現状。

おしりの骨から
注射で
骨髄液
バンダナを巻いてるのよ♡
うれし～
命のプレゼント
Chizuru.

病気になってしまったのは誰のせいでもない。未だ原因不明で「なぜ私が発病？」と問へど、答えも意味もない。運命の悪戯《いたずら》かなぁと呟《つぶや》いた患者さんもいた。しかしどんな運命でも治療を受けるチャンス、生きるチャンスは全員が平等に欲しい！　と願うのが当然。

それなのに現実は、患者さんにとって自分の白血球の型と適合するドナーと巡り合えるかどうか、これまた〝運〟頼みなのである。医療も医者も薬も充分。あとは、ドナーという運命のクジが当たるかどうか。

ドナーを待ちながら亡くなっていく患者さんがいかに多いことか。その無念さはいかばかりか！　やりきれない。

人体の不思議！

いつの日か、骨髄《こつずい》移植を希望する患者さん全員が治療できる日が来ると私たちは信じている。その日を一日も早く引き寄せられるように、いろんな活動をしているのだが、私が最も力を入れているのは全国講演行脚《あんぎゃ》である。

どんな辺鄙《へんぴ》なところであろうが、北から南、聴いて下さる方あればどこへでも行く。

それはなぜか？

白血球の型は、同出身地同士が最も適合し易いからである。これまた、人体の不思議。広島県出身の患者さんの白血球の型は、広島県出身のドナーと。千葉県出身の患者さんは千葉県出身のドナーと。もっと大きく言えば、アジア人はアジア人と。その中でも、韓国人と日本人の適合率が高い。

なんだか神秘を感じる。〝地域同士で助け合うのじゃよ〟なんて天の声が聞こえてくるようだ。

では、ここで骨髄《こつずい》バンクへの登録方法を簡単にご紹介。

資格は二〇歳から五〇歳までの健康な方。全国各地の血液センター、保健所へ。説明ビデオを見て、理解、納得をしたら、書類に必要事項を記入。そして、いよいよ採血へ。と言っても、登録は一〇〜三〇ccを腕の静脈《じょうみゃく》からいただくだけである。

それからひたすら待つ。移植コーディネーターさんから、いつ連絡があるのだろうと。ドナー側も、宝クジに当たるような思いだ。私なんて、待ち続けて早七年以上。よっぽど人気のない白血球の型らしい。

時間はない

ところで日本の場合、〝家族の同意〟が必要である。日本の場合としたのは、世界各地に骨髄《こつずい》バンクはあるが〝家族の同意〟が必要なのはこの国だけだからだ。二〇歳以上の意味は成人してから、ということであろうにこの国特有の過保護体質だと思う。

実際、家族の反対のため、登録に踏み切れない人は多いようだ。心配なのはごもっとも。しかし、信頼する家族であるが故《ゆえ》に、本人の意志を尊重して欲しいと思う。

登録者約一三万人。

骨髄《こつずい》バンクでの移植例は約二七〇〇件（海外からの提供、海外への提供一〇〇件含む）。

骨髄《こつずい》バンクでの提供者の事故は0《ゼロ》。

白血病などの血液難病は、毎年約六〇〇〇人が発病。

患者さんは、一日千秋《いちじつせんしゅう》の思いでドナーを待っている。医療は日進月歩《にっしんげっぽ》であるのに、善意である登録は遅々として進まない。

時間は、いくらもない。

心強い番組スタッフ

気は優しくて力持ち

番組が放送されてから、たくさんのお手紙やEメールをいただいた。今回のこの反響の多さは、平和村そのものが訴えかける力を持ち、それプラス、スタッフのチームワークもあると思う。

スタッフたちと私は、一日中、それこそシャワータイムとトイレタイム以外は、ずーっと一緒に過ごすのである。しかも、いつカメラが私を狙うか分からない。こういった番組の場合、油断も隙《すき》もありゃしないと、グッタリくるのが常である。

しかし、私は限りなく平常でいられた。カメラがまわっていようがまわってなかろうが、〝私〟であった。これもスタッフのお陰。ありがたい。

では、ドイツを出発する前に、平和村クルーチームのメンバー紹介をしよう。

すでにご存知、カワハラディレクター。

言わば、我々のリーダー、ボスである。気は優しくて力持ちのポパイ、ではなく、髭《ひげ》を剃《そ》ったブルートって感じ。最近お腹が出てきたのを一応気にしている。

出発の日、成田のレストランでのこと。

「何か食うとくか？」

と、コマツカメラマン。

「いや、自分、ダイエット中なんす。勘弁してつかぁさい」

「何言うがちゃあ、カワハラ、食うゾォ」

「そうっすかぁ。じゃあ、カツ丼」

思わず飲みかけの水を吹き出すとこだった。

「あのねぇー！」

と、ツッ込ませていただいたのはもちろんだ。ダイエットの意味とカツ丼のカロリーも教えてさしあげた。

彼は、常に真っすぐに平和村に取り組んでいた。相手が不安になるような素振りを少しでも見せると、決して無理強いはしない。そのくせ、自分自身は不安材料を持っていても、「大丈夫っすヨ！」と明るく笑う。

かわいいのに頼れるナイスなヤツ。クラスにはひとりいるムードメーカーだ。カワハラさんには、五歳になる息子さんがいる。おチャメな息子さんネタでかなり笑わせてもらった。コウシロウくんは、父ちゃんはウルトラマンより強いと信じているらしい。

時折、平和村の子供たちと息子さんが重なるのだろう。

「日本の子供たちは、戦争がないもんなぁ。もうそれだけで幸せっすよ」

「この子らを傷つけた兵士にも、子供いるだろう！　同じ命なんだよ」

そんなことを幾度となく、真赤な目で呟《つぶや》いていた。

我らがボスは、とっても誠実な人だ。

涙でファインダーが曇ってもピントはちゃんと合っている

続いてのご登場！

コマツカメラマン、四三歳。すでにお気付きの方もいらっしゃるでしょう。「何、言うがちゃ」この方言。そう、コマツさんは高知出身。坂本龍馬を愛する土佐男子である。

このロケのムード、コマツさんにどれだけ救われたことか。

顔を焼かれて表情を失い、頭髪もほとんど残っていない子に、

「こりゃハゲ君、オイちゃんと遊ぼうや」

「そんな呼び方したらアカン！」

と言いつつ、笑ってしまう私たち。

誤解はないと思うが、一応解説しましょう。

心優しいオイちゃん、コマッさんの照れ隠しである。土佐男子は、「オーヨシヨシ」と心の中では労《いたわ》りつつ「ハゲ君」なのだ。もちろん愛情たっぷり。ま、ニックネームのつけ方に、ヒネリがないと言えばなさ過ぎる。きっと小学生の頃、好きな女子をイジメてしまったクチだろう。

コマッさんの得意技は、カメラという小道具を使ったボケ。カメラのレンズをはずしていたり、前後逆、上下逆に担《かつ》いだまま「さあ！　行くゾ！」。誰も気付かないと拗《す》ねる。うまいツッ込みが入ると、ＯＫサインがもらえる。

コマッさんにもお子さんがいる。フーちゃん四歳。聞くところ、とてもおシャマなファニーガールらしい。

コマッさんは、流石《さすが》カメラマン、器用である。カメラのファインダーを覗《のぞ》いていない方の目だけで泣く。涙でファインダーが曇ってもピントはちゃんと合っている。カメラを足

ガッハッハハ
カワハラさん
カメラ
どうじゃ〜っ!
コマツさん
ヒョイッと
頭上に
カメラを乗せる
秘技
クックックッ
マイク
ホンマちゃん

元に置いて子供たちと遊んでいても、撮影チャンスは逃さない。〝いい絵〟は必ず撮る！カメラマンの滾《たぎ》る情熱、イヤ執念だ。

時々、私たちに背中を向けて空を仰いでいた。あれは涙を乾かしていたということを、私は知ってる。

チャームポイントは前歯

カメラアシスタントVE、音声担当のホンマちゃん。神奈川県出身。二九歳。将来はもちろんカメラマン。

笑うと新沼謙治《にいぬまけんじ》さんに激似。チャームポイントはマドンナと同じくスキッ歯の前歯二本。

カワハラさんとコマツさん、ふたりがおいしくボケてしまった時、ボソッとツッ込んでくれたりフッフッと笑っていたり。周囲がどんなにはしゃいでいても、大人っぽく目を細めて見守っている。なごみ系の人である。

平和村の子供たちは、よくふざけてボールを屋根の上にあげてしまう。そんな時、彼は忍者よろしくヒョイヒョイとよじ登り取ってくれるのだ。それも無言で。シャイボーイである。

最初のドイツロケ時には独身者《ひとりもの》。日本で皆で飲んだ時には婚約。二度目のロケでは既婚者と、会う度に出世魚のように一ステップずつ上がっていくのには驚いた。まさか、三度目のロケではパパに？　うーん、有り得る。今度会う時には拝ませてもらおう。ご利益《りやく》、ご利益《りやく》。

実はホンマちゃんの姿を目にした方は多いはずだ。「ウルルン滞在記・再会スペシャル」で、アンゴラの女の子マリアンナと抱き合っていたあのスタッフである。大きなマイクを手に、肩にはＶＥの機械を掛け、真っ赤な顔をカメラから背《そむ》けるようにして泣いていた、あの青年がホンマちゃんである。

番組で、スタッフの映っているシーンがカットされなかったのは初めてだろう。カメラを向けたコマツさんと、編集をしたカワハラさんのメッセージである。

将来大物かも？

さて、しんがりは社会人になったばかりの、チキちゃんことチキリヤ。香川県出身。二五歳。それにしても、私を含めて皆イナカ者。イイネー。

チキちゃんは小柄で一見アイドルのように可愛いいが、眼光は鋭く、体育会系。只者《ただもの》ではない匂《にお》いがプンプンする。将来、大物かも。

欲を言えば、お笑いノリが今ひとつなのだ。私は、西の吉本新喜劇、松竹新喜劇、東のドリフターズの全員集合、クレイジーキャッツのシャボン玉ホリデーなどの文化が体に染み込んでいる。誰かがボケたら、必ずツッ込む。これはマナーである。ところがチキちゃんは、観客になってしまうのだ。しょーもないオチでも、ヒャッヒャッとよく笑ってくれる。それは芸人をダメにしてしまう……。えっ⁉ 業務に差し支えはあるのかって？ イイエ、何もありません。こりゃまた失礼致しました。

　私がエラソーに言うのも何だが、チキちゃんは最初のドイツロケと二回目で大きく成長した。エライ！

初めての平和村で、チキちゃんはよく泣いた。当然である。二十代の女性で、あの光景、あの話、あの状況、泣かないほうがおかしい。子供たちとお別れの日、さあ、平和村へ、という段階でチキちゃんは泣きじゃくって動けなかった。

するとコマツさんが心配そうに、

「そんなに泣いててディレクターになれるんか？」

一瞬、空気が固まったような気がした。

「チキ、泣いててもディレクターになれるよ。その気持ちが大切なんや」

と、カワハラさん。クー、ドラマだ。

そして二度目の平和村では、見事に泣かなかった。泣いてしまった私に、ティッシュを差し出す余裕さえあったチキちゃんである。

「どう撮れているのか、ちょっと引いた目で見るように務《つと》めてるんです」

と、その秘密を照れながら教えてくれた。

なるほど、客観視作戦！　見事な脱皮だ。ブラボー！

いつか、ディレクターになったらまた一緒に仕事をしようね。あっ、いえ、使ってね。

彼女なしでロケは考えられない

日本からのスタッフはこの四名。ロケ最少人数である。

そしてロケの重鎮《じゅうちん》、通訳のマリオン。ドイツ出身の四十代女性。日本へ留学経験あり。彼女なしでは、ドイツのロケは考えられないと思わせるほどのプロフェッショナルだ。

マリオンはデカい。あ、いえ失礼、大柄で、抱き合うとついウットリしてしまう。それに、ベリーチャーミングでその声は小鳥のように可愛いらしい。

そして彼女の日本語は、それはそれは美しいのである。ボキャブラリーも豊富で、敬語もバッチリである。新入社員を研修に送り込みたいね。

彼女の通訳は、とても情感たっぷりでセンスがいい。私が混乱し、主語述語が滅茶苦茶のワヤクチャの喋りになっても、修正して訳してくれるのだ。そしてドイツの人がやたら長くお話ししても、要約して伝えてくれる。

その頭の良さ、回転の早さには感服する。

そして、とてもナイーヴでセンシティヴな女性なのだ。

平和村の子供たちとの会話は、マリオンが一番早く理解できる。主副音声、ステレオ状態である。

「アア……、ナンテ酷《ヒド》イ。アッタマキタ！」

憤慨するマリオン。

「オォ……、ナンテ可哀相。信ジラレナイ……」

号泣するマリオン。

そうなると、通訳タイムはストップしてしまう。初めのうちは困惑していた私もそのうち慣れ、ムードを読むようにした。

チューズ
ハア〜イ
マリオン
ミュージシャン再会スペシャルではドライバーとして活躍
マリオンの夫
クララス
もう泣きません!
チキちゃん

平和村ロケの通訳は、マリオンにとって辛《つら》い仕事だと思う。しかし、この企画の言い出しっぺはマリオンなのだ。かなり以前から、カワハラさんに話を持ちかけていたらしい。そして、カワハラさん、満を持《じ》しての実現となったのだ。

さて、私を含む六人のこのメンバーでお送りします「ウルルン滞在記」、東ちづるがドイツ平和村の子供たちに出会ったぁ。（もちろん下条《しもじょう》アトムさんの物真似で）

第2章

ドイツ平和村へ

平和村の傷ついた子供たちと

理想郷ではない

フランクフルト空港から車で三時間。

オーバーハウゼンはドイツの北西、オランダの国境近くにある。あらゆる建物が品良く建ち並ぶ、緑溢《あふ》れるのどかな田舎町だ。初めての訪問者が感じる、外国特有のあの緊張感はほとんど無い。

「あぁ、いいとこねぇ」

お決まりのフレーズにも、実感がこもる。

そろそろ平和村も近いということで、マリオンが運転するロケバスを降りた。

そこは、なんと住宅街ではないか。

平和村については、情報無し、計画無し、気張りも無ければ心構えも無しの無い無い尽くしでのトライだ。

ではあるが、漠然《ばくぜん》とでもイメージをしてしまうのが人間だ。ネーミングが平和村なのだからして、ひとつの村という概念《がいねん》がどうしても拭《ぬぐ》い去れない。

私の想像する平和村はこうだ。

山に囲まれた野原に小高い丘がある。そこには赤い屋根にれんがの大きな家。花畑に小さい牧場。そして、子供たちはブランコやシーソーで遊ぶ。ボランティアの皆さんはかわいいエプロンをして……。

今思い返すと、あまりにもメルヘンタッチなイメージに笑うしかない。

現実は厳しい。とっても。

私は平和村と呼んでいるが、正式には国際平和村という名称だ。

国際平和村とは読んで字のごとく、多国籍の子供たちが平和を願って、または、平和に生活が送れる小さな場所という意味である。ドイツ語では、フリーデンスドルフインターナショナルで、そのシンボルマークは、幼い男の子と女の子が手をつないでいる。色はスカイブルーだ。

そのシンボルマークの標識の指す方向に歩くと、コンクリートの四角い建物が見えた。こう言っては失礼だが、色気も素気もない灰色の宿舎である。しかも、足元はコンクリート。近所がかわいい庭つきの家ばかりなので、どうしてもギャップを感じる。

私は、トランクをゴロゴロと引っ張りながら平和村という施設に向かって行った。正直、不安になった。トボトボ歩きになる。

私を待っているのは、確実に〝現実〟なのだ。そこは、戦争から逃《の》がれて来た子供たちの理想郷ではない。一〇〇mぐらい歩く間、私の気持ちは少し引き締まった。歩く速度をちょっと上げる。

そこへ、建物の角からふたりの男性が。白髪混じりの黒髪の小柄な男性はジョアオ。私がホームステイさせていただくところのお父さん。そして、もうひとりは平和村の職員で広《こう》報《ほう》担当のボルフガング（お互いに名前が呼びづらいので、ボーさん、チィさんとした）。

こうして偶然、バッタリ出会い、三人は勢いで握手をし、何だかアハハハ……と笑い合った。いい景気付けになった。

「あー何だか安心しました」

と、声にしている私。放送でもしっかりと流れていた。

さまざまな国の子供たち

中庭に入ると、と言っても何も無いコンクリートの広場だが、たくさんの子供たちがいた。

当然だがドイツ人はいない。その当然のことに、やはり違和感を覚える。

チョコンと正《しょう》ちゃん帽のような手編みの帽子を被《かぶ》っている男の子はアフガニスタン、女の子はスカーフを頭に巻いている。

褐色の肌を持つ子供はアンゴラ。チリチリのくせ毛を、それぞれ個性豊かにアレンジしている。

ベトナムの子は、人数が少ないせいかおとなしめの子が多い。

私が外見でその子の母国が認識できるのは、この三カ国くらい。とにかく、いろんな国の子供たちがいることは、ひと目で分かる。

それだけたくさんの国で戦争が続いているという事だ。

「ハロー！」

子供たちは、笑顔で私の手と自分の手をパチン！　と鳴らす。

ハロー、パチン！　ハロー、パチン！

なんて、可愛いの！　どの子も、皆可愛い。

何を見ても「カワイイ」と表現してしまう、ボキャブラリーの乏しい渋谷の高校生のようになってしまった。

私は、昔から子供好きという訳ではない。

実は、苦手だった。だって、子供って、勝手で我儘《わがまま》で残酷で、言動に脈絡《みゃくらく》は無いしよく分からない生物《いきもの》なんだもんっ！　って思っていた。保育園や幼稚園の先生になるなんてとんでもない、とも思っていた。

ところが、妹に子供ができた一一年前、私に異変が起きたのだ。

子供って、何ておもしろくて純粋でマヌケでチャーミング。その成長していく様は生物《いきもの》の原点である。そう気付くと、世界中の子供を抱きしめたくなったのだ。思えば、子供が苦手だなぁと思っていた私は、まだ大人でなかったのかもしれない。きっと、自分だけが一番大切だったんだろうね。

そして、日本でのボランティア活動が更なる異変を私にもたらした。〝子供は可愛い〟から、〝子供は大切なもの〟〝子供は宝〟とまで思えるようになった私である。やっと、大人になった。

平和村の子供しかり。

この子たちだって、国の大事な宝のはずである。

しかし、あまりにも傷ついている。

現実に挑《いど》む覚悟ができてくる

一番目につくのは、足のケガである。ケガなどという軽いものではない。約一五〇人の子供たちの半数以上が普通に歩けない。

足を引きずっている子は、まだ歩けているほうで、松葉杖や杖をついている子、片足が極端に短かく片方ずつ違う靴をはいてバランスをとっている子、そして片足を失った子。

意外にも、車イスは少ない。

後から分かったのだが、それは単純な話、車イスが足りていないからだ。杖だって、サイズが合ってないものを無理矢理ついている。

火傷《やけど》をおっている子も多い。髪の毛が半分生えてない子や、顔中ケロイドの子も。もともとの顔は、どんなだったんだろう。

首に包帯を巻いている女の子も多い。

「ハロー！」と、元気よく笑顔で挨拶《あいさつ》をしながら、私の気分はどんどん冷静になっていった。現実に挑《いど》む覚悟が静かに出来てくる。

広場をグルリとした頃、ボランティアの皆さんともご挨拶《あいさつ》。ジョアオの妻、マリアと娘さんのクリスティーナとも会えた。

しかし、ゆっくり立ち話などさせてはくれない。手に持っていた私のトランクは、洗濯物が山積みされた大きなカゴに取って替わっていた。洗濯機に入れると次は、同量の洗い上がった洗濯物が待っていた。その量はハンパじゃない。たたむだけで息切れがする。そしてひと息つく暇《ひま》なく、おムツ交換。

妹の甥っ子や姪っ子で慣れている私は、まかせなさーい！　と胸をポンとひと叩きだ。まずは、アンゴラからやって来たアントニオちゃん。睫毛《まつげ》が長く目がクリッとしたベイビーだ。

「クチャイクチャイかなー？」

と、赤ちゃん言葉であやしながらおムツをはずした。

驚愕《きょうがく》した。悲鳴をあげなかったのが不思議なぐらいだ。

小さな細い二本の足の膝小僧がない。エグれているのだ。それだけではない。縫った跡はあるが、傷跡はよじれ、膝から下は不自然にねじれていた。

上着をめくってみた。左横腹には、深くエグられた傷と盛り上がったケロイドがあった。私の体は宙に浮いているような、それでいて足は後ずさりしようにも地面に釘付けされてピクリとも動かせないような、そして、吐きそうな気分だった。

これが嘘、いつわりのない私の内側で起こっていた騒ぎである。

しかし、私の外側は、

「ありゃー、ウンチくん、たくさんでちゅねぇー。キレイキレイしまちょうねぇー」

と、何事も無かったようにおムツを取り換えていた。アントニオちゃんの足が曲がっているので、上手《うま》くズボンをはき替えさせることができなくて、ちょっとグズられた。このお姉さん、素人《しろうと》だなぁ、なんて不審な目をしていたかもしれない。

何かしてなきゃいられない

他の赤ちゃんも同様、服を脱がせてみるとあまりにも無残《むざん》だった。想像を絶するとは、このことだ。この子供たちの裸を見て、気絶する人がいても、その人を責められないだろう。

特殊メイクやＣＧ合成では表現できない現実が、小さな体にあった。

どうやれば、こんな酷《ひど》い傷が……⁉

「チィ、来ていきなりいい香りを嗅ぐことになったわね。あんなにオカズが一杯だとは思わなかったのよ」

クリスティーナが手早くおムツ交換をしながら話しかけてきた。

「オカズ⁉」

「ベイビーのウンチのことよ。チィ、あなたも手慣れてるわねぇ。さあ、次はこの子よ」

彼女との会話で、私の脳は日常に戻った。救われた。

おムツ交換は、ビニールの手袋をする。赤ちゃんの中には、B型やC型肝炎《かんえん》のキャリアがいる可能性もあるからということだ。母国での生活が窺《うかが》われる。

そう言えば、ここの赤ちゃんや幼い子供たちは皆体が小さい。発育不全だ。栄養がゆき届いていなかったのだろう。何も食べられない日もあったのかもしれない。とにかく生き延びるのに精一杯で……。

今は、あれこれと考えるのはやめよう。作業はやってもやっても片付かないらしい。

私は、可愛い子供たちとキャアキャア笑いながら、新参者《しんざんもの》らしく働いた。体を動かしてるほうが良かった。必死で巻いた私の感情のネジが切れるのが、怖かった。何かしてなきゃいられなかった。

アンゴラから来た少女パルーシャ

初めて義足を付ける女の子がいた。名前はパルーシャ。母国はアンゴラ。一二歳。右足を失い、車イスにしがみつくように座っていた。

アンゴラの子供たちは根は陽気だ。歌って踊ってよく笑う。でも、パルーシャは違った。ポソポソと消え入るような声で話し、目もあまり合わせようとしない。そういうこともあって、はっきりとした顔立ちは、無表情が哀愁《あいしゅう》の影を作り、どこか大人っぽい雰囲気を漂わせていた。

リハビリセンターのトレーナー、クラウディア先生の医務室はクレヨンで描かれた絵がたくさん飾られている。子供たちの感謝の気持ちが込められた絵だそうだ。

クラウディア先生は、凛《りん》とした人で、話していると、人生のあらゆる局面を乗り越えてきたんだなあと感心させられる。実際、御本人も大病を患ったことがあるそうだ。優しさと強さをバランス良く持った、笑顔の素敵な先生だ。

パルーシャは無表情でクラウディア先生の説明を聞いている。心ここにあらずという感じで、私たちの存在もほとんど無視だ。

パルーシャは、ベッドに座らされ、義足をつける準備をすることになった。ズボンを脱がなければならないので、撮影スタッフは医務室から出るようにクラウディア先生に言われた。

「その前に、パルーシャの傷を見せていただけませんか？」

私は、自分自身の提案に少し驚いた。

クラウディア先生は私をじっと見て無言で頷《うなず》き、パルーシャに尋ねてくれた。パルーシャは、私たちの顔をひとりずつ見つめた。そのつぶらな瞳は何を考えているのだろう。しばらくして、小さくコクリと頭を下げた。依然として能面のように表情は無い。

パルーシャのズボンの裾《すそ》に手をかけたクラウディア先生が私たちに言った。

「傷を見ても、驚いた顔をしたり、声を上げたりしないで下さい」

私が、傷を見せて欲しいと言ったのは、失ったほうの右足の意味だった。でも、彼女は左足のズボンをたくし上げた。

クラウディア先生から注意を受けていなければ、私は手で顔を被《おお》ったかもしれない。カワハラさんは「おぉ……！」と小さく呻《うめ》いてしまった。

パルーシャの左足

パルーシャの足は、とても人の足には見えなかった。

何と表現すればいいのだろう。あちこちの肉が削《そ》がれ、焼けただれ、原形を思い出せないほど変形し、足の指はかろうじて付いていた。土踏まずもごっそりとエグれている。彼女のお尻の皮膚を切り取り伸ばして移植しているのだが、その跡も痛々しい。

私の体の全筋肉が弛緩《しかん》した。私は、右膝に持病がある。靱帯《じんたい》が切れて、半月板《はんげつばん》が損傷している。寒かったり疲れたりすると疼《うず》く。その右膝がズキズキしてきた。

私は、立っていられなくて、ゆっくりと座り込んだ。もちろん、平静を装って。

パルーシャの目が、「この足が見たかったんでしょ」と言ってるようにも見える。

非常に長い時間に感じた。実際は、三分もなかったであろう。

「テレビで見せて、ええんか」

カメラマンのコマツさんが、汗を拭《ふ》きながら呟《つぶや》いた。

確かにテレビは、何かしら制限がある。放送コード、放送禁止用語、放送自粛《じしゅく》用語など。「ウルルン滞在記」の放送は、日曜日のゴールデンタイム。いつもは、ほのぼのと心暖まる番組をお茶の間にお届けしている。こんなショッキングな映像を流していいのか。

コマツさんの戸惑《とまど》いも頷《うなず》ける。

「コマツさん、しっかり撮って下さい」

カワハラさんは力強く答えた。

パルーシャが実際のところ、何を考えているのか全く分からないが、撮影を了解してくれたのは彼女自身である。自分の足を公開してもいいと思った何かがあるはずである。もしかしたら、彼女自身も整理がついていないメッセージがあるのかもしれないのだ。

子供たちのリーダー、マリアンナ

彼女にとって初めての義足は、なかなかシックリこないようだった。

「……アウア……」

やっと聞こえるような声で、痛いと言った。立とうとすると、義足をつけた足ではなく、もう片方の左足が痛いらしいのだ。

そりゃあ、そうだ。あのボロボロの足で支えるのは相当大変だ。しかも、車イスの生活が長かったので、僅《わず》かに残っている筋肉もすっかり落ちている。リハビリの道は険しそうだ。

クラウディア先生は、歩くように促した。ゆるゆると義足を前に出す。摑《つか》まり歩きをしても腰が引け、おっかなびっくりである。

パルーシャが、車イスを未練がましく振り返った。

あぁ――、歩きたいと思っていないのだ。

私は心の中で思わずため息をついた。

車イスに慣れた彼女は、便利なマシーンを手放したくないのだろうか。しかし、車イスでは決して行きたいところにひとりで行けない。手の空《あ》いている誰かを探し、介護をしてもらう。まだ子供なので、楽ちんな方向に流れたいのだろうか。しかし、車イスを押してくれる人に、進路やスピードを常に委《ゆだ》ねなければならないのだ。

パルーシャの場合、義足のリハビリをすれば自力で歩けるようになるとの診断だ。自立できるのだ。

それなのに、パルーシャからは〝歩きたい〟という熱意は全く伝わってこない。

歩けるようになると、いずれ母国に帰ることができる。家族にも会えるのだ。

平和村の子供たちは、皆口を揃えて聞いてくる。

「僕は、いつ帰れるの？」

「私は、次の帰国組のメンバーに入ってる？」

子供たちの母国は、まだ戦争中だ。せっかくドイツで手術をして、リハビリをして元気になったのに、なぜ命の保証のない国に帰りたいのだろうか。恋しい気持ちは分かるが、帰っても食べるものも飲み水もない酷《ひど》い生活が待っている。もしかしたら、もう家もないかもしれないのだ。

私は、マリアンナにそのことを聞いてみたことがある。マリアンナはアンゴラの少女で一四歳。平和村のリーダー的存在だ。

勝気で陽気な彼女なので、残酷な質問だなと思いながらも、聞きやすかったのだ。

「……ママに会いたいの。ママが心配」

マリアンナの目が、今にも泣きそうになった。

「そうだよね。ごめんね」

私は、マリアンナの肩を抱いた。

平和村にいる子供たちは、まだまだ親に甘えたい年頃の子ばかりである。いや、親が必要な大事な年頃だ。

平和な国で元気な家族のいる郷里《ふるさと》を離れている私たちとは違うのだ。

電話も手紙も、何も連絡方法は無い。家族がどんな状況になっているか、その安否を気遣うことしかできない子供たち。一分一秒でも早く帰りたいのは、至極《しごく》当然のことである。

パルーシャに何が起きたのか

「パルーシャ、歩けるようになるとママは驚くね。ワォーって喜ぶわよ！」

クラウディア先生が励ます。

一瞬、パルーシャの表情が揺れた。自分と闘っているようにも見える。

私は、先生に尋ねた。

「パルーシャのように、心の傷が深い子はどうするのですか？　カウンセラーの方は？」

「それが重要な問題です。医者のボランティアはいますが、カウンセリングのできるボランティアはいないのです。でも子供たちは、他国の子供同志で遊ぶことで、元気を取り戻すのです」

「でも、パルーシャの傷は、本人が癒《いや》そうとしていないようですね」

「パルーシャに何があったのか。これが分からないと、私たちもお手上げなのです」

そこで、クラウディア先生は、何度も彼女に尋ねたであろう質問をした。

「パルーシャ、どうしてケガをしたの？」

「……覚えてないの……」

蚊の鳴くような声で答える。

そこへ、マリアンナが足をひきずりながらやって来た。彼女の左足も傷ついている。

そして、激しい口調で話し始めたのだ。

「パルーシャは、市場にお母さんと買い物に行ってたのよ。そこへ、兵士が来て機関銃で撃ちまくったの。パルーシャは、両足を撃たれてそのまま座り込んだら、上から電信柱が倒れてきて、切れた送電線と変圧器が彼女の体に落ちてきて感電したわ。そして送電線が揺れて、バーン！　バーン！　て何度も彼女の体は壁にぶつけられたのよ。そこで、パルーシャは気絶したの」

マリアンナの説明が私の頭の中で映像化される。

それまでずっと耐えていたものが、私の中で一気に弾《はじ》けた。水をいっぱいに入れた風船が針で刺されたように爆発してしまったのだ！

腹が立って、腹が立って、頭の中がジンジンする！　下唇を強く噛《か》んでも、体が小刻みに震えて顔が上げられなかった。パルーシャの顔を見ることができない。

「腹が立つ！」

そう呻《うめ》くのが精一杯で、怒りが涙になった。

そして、おムツを換えた赤ちゃんたちの傷が頭の中でうずまき始めた。どうか、あの子たちが、どうして傷を負ったのか思い出しませんように！

この子たちが一体何をしたというのだ！

ただ生まれてきただけじゃないか！

叫びたいことが喉《のど》を締めて、息苦しくなった。嗚咽《おえつ》をこらえると、鳥肌が立った。もう流れる涙を止めることはできなかった。

アンゴラでは充分な治療は受けられない。私は、発展途上国《はってんとじょうこく》の医療現場を訪れたことがある。病院とは名ばかりで、ハエが飛び汚物の臭いが充満し、衛生面はこの上なく悪い。数少ないベッドが並ぶだけで、医療器具が見当たらない。戸棚には、錆《さ》びたようなメスやハサミがゴロリと放置され、酸素ボンベがひとつ立っているだけだった。

パルーシャの足も充分な洗浄もできず、ガーゼを当てられただけだったのであろう。こうしてドイツに連れて来られなければ、両足切断、いや、命も落としていたかもしれない。

パルーシャの無表情が充分納得できた。何も思い出したくないし、何も考えたくない。

現実世界に身を置きたくないのだ。ママは恋しいけれど、恐怖の根源は母国なのだ。彼女の瞳は将来《まえ》を見ていなければ、過去《うしろ》も見ていない。そして、現在《いま》も。

でも、パルーシャ、あなたは生きている！　人生を諦《あきら》めないで！　自分の足で歩きましょう！

そう声にして伝えたい。

でも、私にはとてもじゃないけど言えなかった。弱冠《じゃっかん》二二歳の少女が味わった阿鼻叫喚《あびきょうかん》の地獄絵図。その恐怖、痛み、喪失感は計り知れない。無力な私にも、腹が立つ。

それから、毎日、時間をみつけてはパルーシャにアプローチをした。彼女の髪を編んだり、義足をつけて走っている人の写真を見せたり、冗談を言ったり。何とか心に触れることはできないものか、笑顔を見せてくれないか、少々焦《あせ》った。

しかし、パルーシャの無表情は、私たちが滞在している間、変わることはなかった。彼女は、現実から逃避《とうひ》することで、今は生きていられるのだろう。

泣かないと誓ったのに

私は、パルーシャの件で、子供たちがいるところで泣いてしまった。なんという不覚。

悔まれる。

子供たちの現状がどうであれ、それについて本人たちの前で決して一方的に泣かない（双方に同じ感情が流れる嬉し涙や悔し涙、悲しい涙は別にして）と、日本を発《た》つ前に、自分自身に誓ったのに。

私は、日本全国の病院にお見舞いに行く。講演に訪れたその土地で、時間の許す限り病院に足を運ぶのだ。患者さんたちと知り合いであろうがなかろうが、一緒に〝ガンバロウネ〟と心と心の握手をする。

初めの頃は、妙にぎごちなかった。

心のどこかで遠慮があった。私なんかがおじゃましまして、図々しいのではなかろうか？芸能人の勘違いと思われたら嫌だし……と、臆病なもうひとりの私がオドオドしていた。

しかし、回を重ねるにつれ、誠意（なんて言葉はちょっと気持ち悪いけど）は伝わる。活動も継続は力なりだなぁーと、思えるようになった。

それに、〝いるだけでいい〟ということもあると患者さんたちに教えてもらった。世間話しなきゃ、とか、明るく振るまわなきゃ、とか気を遣われるとしんどい。普通にしてていい。お互いに、楽なスタンスでいましょう、と。結局のところ、人を癒《いや》すのは人なのである。

しかしながら、それはあくまでも、ある程度物心ついた年齢の人の場合で、赤ちゃんや幼児たちには、〝いるだけでいい〟は通用しない。

ボランティア活動を始めて二年目、静岡にある小児病院をオオタニと訪れた。日曜日の晴れた午後だった。

入院病棟は、壁にカラフルな絵が貼ってあり、プレイルームにはブロックや積木が置いてある。明るいムードで一杯だ。

しかしそこに、元気一杯のわんぱく坊主やお嬢ちゃんはもちろんいない。確かに年齢的には遊び盛りの子供たちだけど皆患者である。

まるでスパゲティが絡《から》まったように体中点滴のチューブだらけでベッドに横たわる子。お母さんに抱っこされてるものの、頭はダラリと垂れ、目もうつろな子。点滴がぶら下がったポールを片手に器用に歩いて、握手を求める子。

子供たちのこうした光景は、経験を重ねても慣れるということがない。辛《つら》過ぎる。

しかし、看護婦さんやお母さま方はしっかりとした笑顔だ（日曜日でも、日本の病院ではお父さま方の姿は少ない）。運命を受け入れた神々《こうごう》しさを感じる。ここでは子供以上に、周囲の大人たちが現状と闘っているのだ。

ふと気付くとオオタニがいない。あの気丈《きじょう》なオオタニが、廊下の隅《すみ》で声を殺して肩を震わせていた。いつもは、こういう場で彼女は絶対泣かない。泣いてはいけないことをよく分かっているからだ。この日は珍しく、張りつめていた何かがプツッと切れてしまったのだろう。普段、いくらテキパキ、ニコニコしていても、些細《ささい》なきっかけでそうなることはある。それが人間というものだろう。

私も危なかった。そんなオオタニに気が付いてしまったばかりに涙腺《るいせん》が暴れそうだ。泣いてしまうのは、どんなに簡単で楽なことか！　泣くためのお見舞いじゃないだろ！　自分に言い聞かす。必死だ。脈拍が増え、鼓動が波打つ。

私は明るく話し掛け、赤ちゃんをあやす。抱っこして、お母さまとも一緒に写真を撮る。しょうもないギャグで笑い合う。

私の動揺は、目玉の裏側をドクドクと流れ下の瞼《まぶた》に吸い込まれていった。塩《しょ》っぱいものが鼻を通り、喉《のど》を通り、胸に広がる。大きな染みになるのが分かる。

その日オオタニは、帰りの新幹線で自分の任務を放棄してしまったことを謝《あやま》った。でもまあ、ふたり一緒の時は、どちらかの気が緩《ゆる》んだら一方はギュッと締めようゼ！　と円満解決をした。

「そやけど、あの涙は何やろ？　あの時の感情、自分でコントロールできひんかってん」

私たちは、ちょっと考えた。

そして、あの涙は〝行き場のない怒り〟であると判明した。私の目玉の裏側を流れたのもそうだ。

〝なんでこの子たちが、こんな目に合わなければならないのか!?〟

誰に当たればいいのか？　答えのない、やるせない、持って行き場のない怒りである。

同情や、気の毒に思う涙では決してない。

患者さんやそのご家族は、同情されたり、気の毒がられたりすることを求めてはいない。むしろ、嫌悪《けんお》していると言っていい。

私も、何か事が起きてしまった時、同情的な言葉を添えられたり、態度で示されると、どこか居心地が悪い。私を、被害者のように見ないでよ、と思う。

人はなぜ、人を哀《あわ》れみ、かわいそうに思う時があるのか。

それは、自分との比較があるからだ。同じ舞台《ぶたい》に立っていない。高いところから眺めている。すなわち優位に立つ感情の図式だ。そういう他人の一方的な気持ちの押し付けは、失礼極まりない言動になる時がある。でも、大抵は無意識なのでやっかいなものだ。無意識だからこそ残酷ってこともある。

しかし、押し付けられるほうは、敏感にそれを受けとめる。それがたとえ子供でも。

「この人、私のこと不憫《ふびん》がってるのかしら。泣いてくれても何も変わらないのに」

もしかしたら、パルーシャもそんな風に思ったかもしれない。その人の涙がどういう意味を持つか、昨日今日会った関係では伝わるはずもない。

ソンナ人、心、不自由ネ

それに、今、大切なのは、私の気持ちを伝えることではない。平和村の子供たちのことをもっと知ることだ。コミュニケーションをとろうとして、焦《あせ》って失敗するのは日本でうんざりするほど経験した。近道はない。丁寧《ていねい》に歩こう。

私は、どんな人生でも、人は幸せになる力を持っていると日頃から信じている。

幸せは、それぞれ個人特有のものだ。十人いたら十色の幸せ感がある。

友人フィアーナはアメリカ人の女性で、一日のほとんどを車イスかベッドで過ごす。その生活は、一七歳からでもう三〇年近い。ベテラン障害者である。彼女は、夫とダイビング、ヨット、気球、海外旅行とチャレンジ精神旺盛で、ふたりの子供のママでもある。

そりゃ、筆舌《ひつぜつ》に尽くし難い困難、苦労があったはずだ。果敢《かかん》な人生ではあるが、諦《あきら》めることも余儀《よぎ》なくされる人生だ。しかし、彼女の輝く笑顔、活気に満ちたお喋《しゃべ》り、その行動力は溢《あふ》れんばかりだ。もちろん、たくさんの人の援助や協力も受けている。

「チヅル、私ノコトヲネ、イカニモ不幸ソウニ見タリ、声ヲカケル人ガイルヨ。ソンナ人、心、不自由ネ」

フィアーナ、うまい！　思わず拍手。

確かにフィアーナの体は、不自由で不便である。しかし、彼女の心は自由で、幸せも一杯感じている。

不自由と不便と不幸をごっちゃにしている、不愉快な人種っているのよねー。勝手に他人を不幸だと決めつけて、それを比較して自分の幸せを見つめる人って、なんて下品。デリカシーに欠けるなあ、と思う。

〝幸せ〟って、バラエティーに富んでいるのだ。

あなたが泣いたのは素直な感情です

では、平和村の子供たちにとって、幸せを感じる瞬間はいつなのだろう。

ふっと、ひとりの時間に考えた。

「どんな人生でも、人は幸せになる力を持っているのよ」

こんなことを言っても、カラ回りするだけだ。

あの子たちは〝平和〟を知らなかった。だから、平和をイメージして絵を描きましょうと声をかけてもチンプンカンプンなのだ。

そして今、ドイツを知り、自分の国が地球上の少数派である悲劇の国であると知った。小さな胸はどんなに痛んだろうか。中には、ずっとドイツにいたいと泣く幼児もいるらしい。親を忘れてしまう子もいる。

そういうこともあって、平和村で活動する大人は、必要以上に子供を抱くことを禁じられている。お互いに、情がわいては辛《つら》くなるからだ。ここは、あくまでも仮の宿である。距離をおいて接するのだ。

しかし、現実に、「抱っこしてー！」と両手を差し出す子供を放っておくことは……どうなのだろう⁉　抱き上げられたその瞬間のあの子供たちの嬉しそうな顔。幸せ丸出しのような表情。

しかし、私はママではない。それは子供たちの、帰国願望を萎《な》えさせることにつながるのだ。

私の頭では、とうてい整理がつかない。

平和村の子供たちの夢や、希望や、幸せって⁉

私に何ができるのだろう⁉

パルーシャの身に起こったことは、平和村の子供たち全員の身に起こったことと言える。

あの子たちひとりひとりの人生に、ひとつひとつの惨劇《さんげき》があるのだ。

このリポートは、私には重過ぎるかもしれない。

今だから言うが、そんな思いがよぎった。それを消してくれたのは、たくさんの仲間だった。

平和村の創設者、私たちはボスと呼んでいるゲーゲンフルトナーさんは、

「気にすることはありませんよ。あなたが泣いたのは、素直な感情です。その感情があるからこそ、私たちは考え、行動するのです」

と、抱き締めてくれた。

私の心は、ちょっと救われた。

ゲーゲンフルトナーさん
(ボス)
ボルフガング
(ボーさん)
クラウディア先生
chizuru.

ホームステイ先でライフ イズ ビューティフル

キャリアウーマンのマリアと専業主夫《しゅふ》のジョアオ

私がホームステイさせていただいたお宅は、ジョアオ、マリア、クリスティーナの三人家族だ。クリスティーナは婚約者のトーマスと一緒に暮らしているので、夫婦ふたりの生活だ。

オーバーハウゼンは、庭付きの一戸建てばかりだと思っていたので、小さなアパートに案内されたのは、意外だった。マリアの勤める会社の社宅だそうだ。小ぢんまりした２ＬＤＫである。

シャワーとトイレが一緒のユニットバスなので、ご夫婦と私の三人で、朝は目が回るような忙しさだ。

それでなくても、ふたりの生活は多忙《たぼう》なのだ。

マリアはバリバリのキャリアウーマン。そして、熱心なボランティア。

ジョアオは学生。そして、彼もまた熱心なボランティア。彼は会社を辞め、単身で航海に出て船上暮らしをし、二年後、戻って来たそうだ。現在は、経営学を学んでいる。なんて自由なんだろう。

日本で言うところの大黒柱《だいこくばしら》はマリアで、家事全般はジョアオの仕事だ。言うなれば、主夫《しゅふ》だろう。長年の夫婦暮らしで、役割分担ができたそうだ。

えーっ、男が仕事しないで家事ー!?

なんて、ちょっと軽蔑《けいべつ》口調になった人いる? それって、時代錯誤《さくご》だと思う。いい女は、男を社会的地位や収入、仕事ができるできないだけで評価しないのよん。大事なのは、その人となり。どんな人か、どんな人生を生きているのか、でしょ。

どっちのほうが稼いでいようが、家事をしていようが、要は、双方が理解し納得してればオールＯＫである。それでお互い自立し、必要とし合ってれば、最高! お互いを認め合う真の共生と言えよう。もちろん、愛も育《はぐく》んで。

クリスティーナとトーマスは、共働きだ。料理は全てトーマスの担当である。私たちがお招きいただいた時も、彼が腕をふるってくれた。玄人《くろうと》はだしのシチューをごちそうになった。

ジョアオとマリアの、ふたりの会話の量はすさまじい。どんなに夜遅くなっても、疲れていても、その日の報告をし合う。私がいようがおかまいなしに、ケンカもすれば抱き合ってキスもする。泣くし、怒るし、そして、ケタケタとよく笑う。それはそれは気持ち良さそうに、大声で笑い飛ばす。箸《はし》が転んでもおかしい年頃は、とっくに過ぎちゃってるんだけどね。笑う門には福来たるだ。大笑いするふたりと一緒の生活は、とても素晴らしい。ライフ イズ ビューティフル！ って感じだ。

ジョアオとマリアの会話は、普段はドイツ語、通訳のマリオンがいない時は私を混じえて英語、そして、ふたりだけの内緒話はポルトガル語である。どうです、なんだか目まぐるしいでしょ？

人生は永遠ではないのだからね

私たちは、日が経つに連れ、何でも話すようになった。タブーはなかった。きっと、ボランティアとして〝同志〟という仲間意識が芽生えていったのだと思う。

ふたりは、家庭を持つように私に強く勧める。特に二年間の単身生活をしたジョアオは、いかに家族が重要かを力説する。日本だと「私の勝手だもん。余計なオ・セ・ワ！」と、返答するところだが、夫婦で手を握り合って迫られると圧倒されてしまう。結婚する時には必ず報告します、と強制的に約束をさせられてしまった。日本に確かめに行くからね！と、また大笑いだ。

そして、「いつ休むのか？ ヴァケイションはどれくらいとるのか」と休暇については何度も聞かれるのだ。ジャパニーズピープルは、エコノミックアニマルだ、と言わんばかりである。

私の夏休みは、二週間（ちょっと見栄はったつもり。ホントは一週間から一〇日）と言った途端、呆《あき》れたように、

「Oh, No! Think about your life, more! Life is not eternity.（自分の人生について考えたほうがいい。人生は永遠ではないのだからね）」

このフレーズを、何度耳にしたことだろう。私が疲れた顔を見せたり、フッとため息をつこうものなら、これだ。叱《しか》る口調だったり、優しく歌うようだったり。

このフレーズ、私は日本にちゃんと持って帰ったのである。スルメのように噛《か》みしめて、〝私〟という人間の人生を見つめたりもしている。「人生は永遠ではないのだから、大切に」とても愛情を感じる言葉である。日本だと、「ガンバレ！」と言われるシチュエーション

で、ドイツでは哲学《てつがく》がサラリ。なかなか真似《まね》できない。

ただ、どう逆立ちしても彼らのように数カ月のヴァケイションは、今はとれそうもない。将来、そんな長期休暇をとれる人になりたい！　これって、全日本人の願望だよね。でも願望だけで終わらせたくないなぁ……。

ボランティア活動を始めて会話が増えた

ボランティアについてもたくさん話した。

ジョアオとマリアは、今でこそ何でも話し合える夫婦であるが、そうでない時期もあったそうだ。啀《いが》み合うこともあったのかもしれない。

ところが、平和村のボランティア活動に携《たずさ》わるようになってから、お互いの人間性がよく見えてきたと言う。

平和村の子供たちの指導のことで、ふたりは揉《も》めたことがあった。十代の男の子たちが五人ずつくらいに分かれて、ボールを取り合う遊びをしていた。それを発見したジョアオは、ボールを取り上げて怒ったのだ。

その一件を、夕食後、喧々囂々《けんけんごうごう》やり始めた。

マリア
お留守番ねこ
ジョアオ
レディ
トーマス
クリスティーメ
Chizuru

「あの子たちは、国対抗でグループになっちゃだめなんだ。あれでは戦争と同じだ」

「あなたは、厳し過ぎる。子供たちの遊びに深い意味はないの！」

「平和村にいる間に、平和の意味を教えるんだ。国境を越えて仲良くしなさいと」

「頭ごなしに怒ってはだめよ！　ジョアオ、あなたは優しいお父さんでいてよ」

きっと、クリスティーナが子供の頃、これほどの会話はなかったのだろう。育児は、マリアにほとんどおまかせだったそうだから。

思考も性格も丸っきり違うふたり。でも、平和村の活動で目指すところへの道は同じなのだ。それぞれの異文化が融合して、夫婦という単位になっているようだ。

日本でも、こんな話をよく聞く。

離婚《りこん》も辞さないほどの仲の悪かった夫婦が、骨髄《こつずい》バンクと出会い、ふたりでボランティア活動を始めたところ、人も羨《うらや》むおしどり夫婦になったと。夫婦って、一緒にいる時間は多そうだけど、意外と会話しないものなのね。元は他人なんだから、話さないと分かんないのに……とひとりごちる私。

先日、中南米のパラグアイでこんなご夫婦とお会いした。

妻がＪＩＣＡ（Japan International Cooperation Agency＝国際協力事業団）のシニア

海外ボランティア（四〇歳～六九歳）に応募し合格。夫は、すでに定年退職。「日本でひとりいてもしょうがない」と妻の渡米に随行《ずいこう》することにした。妻は日々、発展途上国《はってんとじょうこく》の医療現場で活躍。さあ、そこで夫は？ なんと、家事の楽しさに目覚めたという。「妻に栄養のあるおいしいものを食べさせたいんです。男子、厨房《ちゅうぼう》に入らずなんていう世代ですけどね。ハハハ…」と、照れていらっしゃった。夫婦の会話も、日本にいる時の十倍以上増えたそうだ。「いろんな発見がありますねぇ」と、私は、あてられっ放しだった。

とは言え、素敵な夫婦ばかりではないけどね。一文にもならないことを！ と理解を示そうとしない伴侶《はんりょ》もいるらしい。

善意よりもお金だと思っているの

それにしても、ジョアオとマリアの平和村への想いは熱い。

「あの子たちのためだったら、何でもするわ。市場で裸踊りだって喜んでする！」

マリアは、事ある毎《ごと》にこう言う。この例え、ビックリするけど笑っちゃう。こういうの、外国の人ってうまいのよねぇ。

「親が死んでしまったアンゴラの赤ちゃんを養子に迎えたいんだ。今、ふたりで話し合ってる……」

「いずれは、ふたりで戦地に移住して、そこでボランティア活動をしたいとも思ってるし……やるべきことがあり過ぎて悩むね」

なんて、ディープな想いなんでしょう。海より深いとはこのことである。

「日本のボランティアはどうなの？」

「日本人も善意がない訳じゃない。でも、ボランティアに関しては遅れてて……。骨髄《こつずい》バンクの登録者数も足踏み状態ですね。善意って難しいのかなぁ……」

すると、

「私は、善意よりも、お金だと思っているの！」

ビシッ！　とクリスティーナだ。

「子供たちの渡航費、食費、平和村の運営費、お金が必要なの。お金さえあれば、施設をもっと大きくできるのに！」

うっ！　私は、フリーズしてしまった。

その通りなのだ。骨髄《こつずい》バンクだって、お金が足りなくてホント困っている。国からの援助は二割もないし、寄付金に頼っている。あしなが育英会の寄付金も、中心になって支えているのは中流家庭なので、この不景気のあおりをまともに受けている。資金援助は減る一方だ。

この経済大国日本で一家の大黒柱を失くした子供は進学を諦《あきら》めなければならない。日本では夢や希望を叶《かな》えるには学歴も必要な場合もあるのに！　日本の豊かさってなんなんだろーって思う。

何故《なぜ》か日本では、お金についてはストレートに口にできないムードがある。お国柄だろうか。

実は、私は善意という言葉に代表される、思いやり、優しさ、勇気などの〃気持ち〃を表現する言葉に苛立《いらだ》ちを感じることがある。その気持ちは大切だ。美しい。

しかし――。

気持ちだけでは、何も変わってはくれない。現実問題、欲しいのはお金だ。充分な資金があれば、パンフレットの印刷も、キャンペーンもできる。あしなが育英会の親を失くした子供たちも進学できる。活動の幅が広がる。

すごい！　クリスティーナ！　その若さと真っすぐな瞳、お金！　と口にしてもちっとも卑《いや》しくはない。

平和村に一番必要なものは、お金だ。

私にできそうなことがやっと少し見えてきた。時間はないが、間に合わせよう！

そして、私の中でも大きな改革が起こった。あれ以来、堂々と訴えている。

「善意。それは、お金でもあります！」

募金箱抱えて当たって砕けろ

本当に必要としているもの

ボランティア活動で重要なのは、需要《じゅよう》と供給《きょうきゅう》のバランスである。

災害があると、すわ、救援物資を送れ！　となる。最も大量に届くのは、衣料、食料だそうだ。ありがたいことである。

しかし、実のところ、ありがたがってばかりはいられないのだ。被災地生活で必要なものは、色々ある。石けんやトイレットペーパーが足りなかったり、タワシが欲しいなんて声もあった。「服はあり過ぎて置き場所がない。食料は腐《くさ》っている」、残念なのだが、これが現実だ。

何を必要としているのか？

こんなに文明が進化した情報社会なのに、当たり前のことを見落としがちだ。

ボランティアの場合、良かれと思っていても、受ける側は、小さな親切大きなお世話。

ありがた迷惑というケースも少なくない。

平和村にしても、幼い子供たちということでオモチャが送られてくるそうだ。でも、ケンカのもとになるし、母国には無いものなのでオモチャは寄付されて困るもののひとつである。バザーで売って換金《かんきん》している。ベッドや衣料も大量に倉庫で眠っていた。どれも中古品《ちゅうこひん》なので売る訳にもいかず、かと言って捨てられずと、ボーさんは困っていた。

平和村が欲しているものは、お金。

分かりやすい。が、とても難しい。

私のボランティアの原点に戻る

マリアが、嬉々《きき》として提案をした。

「チィ、あなたは料理が得意でしょ。料理ショー（『金子信雄の楽しい夕食』）でテレビデビューしたんですものね。日本人がたくさん集まるところで、料理の実演販売をしましょう。売上げ金を寄付してちょうだい！」

どう!?　グッド　アイディアでしょ！　と言わんばかりだ。

私は、突然のことにあたふたした。

「うーん、チャリティーイベントですね。いいですけど……」

キッチンに、どんな調味料があるのか見渡しながら考えた。

確かに、ある程度の資金にはなるかもしれない。派手でテレビ的には、おもしろいかもしれない。ドイツ在住の日本人に、平和村について知ってもらうチャンスになるかもしれない。

でも――。

「そういうチャリティー、私もよくします。でも今回は、一過性で終わりたくないんです。継続することが大切だと思うんです」

継続が意識を変え、社会を変える。まさに継続は力なり。と、私は信じている。

ひとつのイベントも、もちろん重要な役割を果たす。関係者の充実感も自信も得られる。これからも、寄付をすると言ってくれる人もいるだろう。

しかし、悲しいかな、突発的な〝その気〟は熱しやすく、冷めやすい。いくら心が動いても、日々の生活に〝その気〟は薄らぎ遠のいて、後回しになる。

料理の実演販売チャリティーで、平和村のことを理解し、子供たちのためにお金を出すという意識に、どこまでなってもらえるだろうか。おもしろがって料理を買ってくれたらお金は集まるかもしれない。むろん、お金はお金だ。大切である。

しかし、チャリティーイベントも回を重ねてこそ、その意義は深まるのだ。ドイツで、ゲリラ的にたった一度チャリティーイベントをしたところで、結局のところ自己満足に終わってしまう。平和村は、慢性《まんせい》的にずーっとこれからも資金不足なのだから。

今回は、一攫千金《いっかくせんきん》よりも、少しずつでも広がっていくような根付く募金活動をしよう。

ポスター作りで始まった私のボランティア。原点に戻ってみよう。

平和村の既成のポスターは、デザイン重視のおシャレなものだ。

「ボーさん、これじゃあ個人のサイフの口はなかなかゆるまないよぉ」

仲良くなると、言いたい放題の私。

よしっ！　作るゾ！

ありったけのカラーペンをかき集めた。

情に訴えるコピー、コメントを考える。ずるいと言われようが、日本的だと言われようが、こちとらお尻に火がついているのだ。情に訴えるのだぁ！

この作業、なんと帰国の前日である。ハラハラとスリルを感じつつ、集中！　後頭部で時計の秒針のチッチッチッという音が聞こえるようだ。写真を切り貼りし、目立つようにカラフルに色分けをし、なんとか完成。乱筆乱文《らんぴつらんぶん》もいいとこ、まるで小学生の図工である。ポスターとは呼べない。せいぜいチラシだ。笑って許してもらうことにする。

カラーコピーをして、ありったけの募金箱をジョアオの車に積む。

ひとりの人間としてお願いするしかない

ターゲットは、いえいえ、陳情《ちんじょう》するのは日本人の集まる会社、レストラン、お店など。

オーバーハウゼンから車で約一時間、デュッセルドルフへ。

車を走らせるジョアオが聞いてきた。

「君は、ドイツに住む日本人にも知られるくらい有名人なの？」

えっ⁉　いやぁ、それは、どうなんでしょう。大したことないよ。きっと……。

ジョアオの疑問はごもっとも。でも、私はそんなことちっとも考えてなかった。と言うか、芸能人であることなんて忘れていた。とにかくひとりの人間として、お願いするしかない。

「ジョアオ、真実を伝える。これで充分よ」

ここまでくれば、火事場のバカ力、いやいやや、まな板の上の鯉《こい》である。当たって砕けろだ！　イヤイヤ、砕けてたまるか。サイは投げられたのだ。

まずは、東京三菱銀行へ。いきなり、そんなお堅いところへ。チャレンジャーである。

いやぁ、たまげた。銀行員の皆さん、私服である。日本の銀行と雰囲気はかなり違う。

支店長さんのお部屋へ。立派な応接セットにチョコンと座る私たち。ジョアオはジーパン、私はチノパン。まったくもって場違いだ。

「オーバーハウゼンの国際平和村はご存知ですか？」

「ええ、聞いたことはあります」

この一週間で知った限りの説明をした。私のこと、怖いと思ったかもしれない。事実、私は切羽《せっぱ》詰まっていた。

「銀行のカウンターに、特定の募金箱を置くことは本来できません。しかし、平和村への寄付はウチの口座を使っていただいてます。そういう縁もあることですし、特別に……」

やったぁ！

緊張していたジョアオの目が潤《うる》んだ。

カウンターの隅の方ではあるが、小型の募金箱を設置。もちろん、チラシも貼る。募金第一号は支店長さん。笑顔でお札を入れて下さった。記念写真をパチリ。

そして、

「うちよりも、たくさんの方がおみえになりますよ」

と、ホテル日航さんを紹介して下さったのだ。趣旨《しゅし》をバッチリ押さえていらっしゃる！

それから、三越さん、理容院ウイングさん、日本料理の日本館さん、本屋の高木書店さん、トントン拍子に受け入れて下さった。夢のようだった。

何度頭を下げても、足りなかった。

調子に乗った私たちは、いざケルンへ。

車を走らせながら、またまたジョアオの質問コーナーだ。

「なぜ、君はあんなことができるの。アメイジング《びっくり》な人だね」

ふむ。初対面の人に、無理難題をふっかけたと思う。私がひるまなかったのは、皆さん真摯《しんし》な態度で接してくれたからだ。ボランティア団体は無数にある。あなたのところだけ特別扱いはできないと断わられてもしょうがないのだ。

街頭募金活動は、こうはいかない。あれは、ケッコウ辛《つら》いものがある。夏は暑いし、冬は寒いし、恥ずかしいし。でも、恥ずかしいのは最初の三分だけ。後はもう、必死。

銀座や渋谷といった繁華街《はんかがい》では、人の足はなかなか止まってもらえるもんじゃない。ほとんどの人が、見えぬふり聞こえぬふりだ。スタコラサッサと、通り過ぎる。まあ、それも分からないでもない。あの箱に自分のお金を投入するには迷うし、勇気もいるし、恥ずかしいし、いろんな事情があるのだ。

ドイツでも街頭募金活動をした。

「ヴィッテ・アイネ・シュペンデン（寄付をして下さい）」

と、呼びかける。寒かったぁ！

皆が皆、募金をしてくれる訳ではないけれど、

「ごめん。今日はできないの」

「他の団体に寄付をしてるの」

笑顔で去る人、おどけた感じで、ナイ、ナイのジェスチャーをする人、何かしらのリアクションがある。こんな紳士もいた。

「何言ってんだ。こんなに平和じゃないか。戦争なんてないよ」

ムカッ！　ときた。つい日本語で、

「地球レベルでは平和じゃないんです！」

と叫んでしまった。

ドイツにもいろんな人がいるんだよ、という顔で肩をすくめるボーさん。いちいちムカついてたらやってらんないもんね。

淋しーっ！　と感じる街頭募金活動ではあるが、広報《こうほう》の大切な効能もある。知ってもらうためのきっかけ作りだ。大した金額は望めなくても、マスコミが取り上げてくれるようなことがあれば、万々歳《ばんばんざい》。時間差で効果が見えてくる。

そんなこんなの街頭募金と比較したら、今回の日本企業巡りは、皆さん前向きに検討《けんとう》して下さり、とてもハートフル。精も出るというもんだ。

最高の一日

ケルンは、まずムラベッツ魚屋さんへGO！　数カ月前、ウルルン滞在記の他のロケで番組がお世話になった、ムスタファ・ムラベッツさんにアタックだ。あるコネクションは何でも使う。

続いては、ムスタファさんの友人のすしバーへ。ケルンでも、ヘルシーなおすしは人気らしい。

飛び込みで、キッチン用具ショップへ。

そして、これまたもちろんアポなしで、友人、川田龍平君《かわだりゅうへい》（東京ＨＩＶ訴訟元原告団副団長）のアパートへ。彼もびっくり仰天しつつも、教会などの人が集まるところへ募金箱を置いてくれると快諾《かいだく》。川田《かわだ》君の近況は、自らが編集・発行している個人誌『龍平《りゅうへい》通信・Raum』で知ることができる。（問い合わせTEL.042-342-1677　FAX.042-342-2712）

川田《かわだ》君は、ドイツの水が合っているようだった。立ち話だったが、会えてとても嬉しかった。ドイツ流にハグもした。

皆さん、本当に感謝である。日本でも、同じ活動の経験はあるが、今回は出来すぎなくらい上出来だ。ガッチリと握手をしたあの瞬間の感動は、私の心の宝物だ。ボランティア活動でくじけそうな時、やるせない時、あの怒濤《どとう》の一日をガムを噛《か》むように思い出す。最高の一日だった。

ジョアオは帰り道、何度も何度も「信じられない。感激だ。嬉しい」と涙した。何かと、涙を誘うドイツである。

あなたたちを絶対に忘れない

私たちの給料日

私のドイツの滞在日も、最終日となった。

そして、この日は平和村にとって特別の日、アンゴラの子供たちが帰国できる日なのだ。

ジョアオとマリアの言葉を借りると、

「私たちの給料日なの」

となる。もちろんお給料が与えられる訳ではない。言うなれば、子供たちの嬉しそうな笑顔、はしゃぐ様子がボランティアにとって心のご褒美《ほうび》なのだ。

帰国できるのは、病院での手術、入院を終え、平和村でのリハビリも終了したと見なされた子供たちだ。驚くことに、帰国する当日の早朝に伝えられる。混乱を避けるためだ。

帰国と言っても、着のみ着のまま血だらけ膿《うみ》だらけの状態でドイツに運び込まれてきたので、荷物作りは何にもない。せいぜいボランティアの皆さんからもらった小物やアクセサリーを身につけるぐらいだ。

しかし、洋服は新品のものを着せてもらえるのだ。それも、よそいきっぽいのを。

今まで頑張ってきた子供たちへのご褒美《ほうび》と、母国の家族を安心させるためらしい。親からすれば、大切な我が子、しかも傷ついた体で、未知の国ドイツへ渡すのだ。連絡ひとつとれず、二〜三年離ればなれになる。元気に成長し、都会的な服を身にまとった我が子を目にした時、親はどんなに嬉しいか。新しい洋服は、平和村の優しさのひとつなのである。

だが、子供たちが着飾っていられるのは、ほんの短い間だけ。新しい洋服は、ほとんどがすぐに売られてしまうらしい。生活のためだ、仕方がない。もしかしたら、それも考慮された、お土産の意味もあるのかもしれない。

この子たちはまだ謝ってもらっていない

この日、帰国できるのは三五人。

私がよく一緒に遊んだ子供たちも、選ばれていた。マリアンナもその内のひとりだ。

マリアンナも、メチャクチャ嬉しそうだ。頬《ほお》はゆるみっ放しだ。嬉しくて、朝食も喉《のど》を通らないらしい。

しっかりものの彼女だけは、昨日から帰国のことをボスから聞かされていた。ボスに抱きついたマリアンナは感極まって、ポロポロと涙を流した。彼女もドイツに来た日から、この日のために生きてきたのだ。

「オブリガード、オブリガード（ありがとう、ありがとう）。私の体を治してくれて、生活をさせてくれて感謝しています」

ボスは、優しく背中をなでていた。

「君がオブリガードという必要はないのだよ」

本当に、そうだ。

こんなに幼い子が、どうして、ありがとうと泣かなきゃいけないのだ！

この子たちは、まだ誰にも謝ってもらっていないではないか！

この子たちが、平和村にありがとうと言う前に、銃で撃った兵士、地雷《じらい》を埋めた人、武器を作った人、それを商売にしてる人、皆々、誰かこの子たちに手を付いて謝って！

一瞬にして、この子たちの人生は変わった。その一瞬に、たくさんの大人が手を汚しているはずだ！

私は、マリアンナと抱き合い「よかったね。ママに会えるね」と言いながら、内では怒りが収まらなかった。

そして、戦争にかかわっている人ばかりを責められないと改めて気付いた。

現実を知りながら傍観《ぼうかん》するのも罪、歯がゆいと胸を痛めながらも何もしないのも罪だと思えてきた。

殴りたいような、泣き叫んで暴れたいような、どうしようもない気持ちを歯ぎしりをしながら押さえた。すごく気持ちが悪かった。

その夜、マリアンナがアンゴラの歌を聞かせてくれた。

我々の行き先はどこだろう?
さまよいながら歩いている
たったひとつの言葉を信じて
だれもが傷つきながら
行き先も出口も見えないまま

私たちの人生は忘れる人生なの

子供たちも私も、出発の時間が近付いてきた。

私は、ジョアオやマリア、平和村のスタッフとのさよならも淋しかったが、気がかりなのは、やはり子供たちだ。

大人たちには、「また、来ます！」と次の約束ができる。手紙、電話、FAX、Eメールと連絡は難なくとれる。

しかし、子供たちとは、これで永遠にお別れなのだ。

それは、子供たち同志も同じである。

体の傷、心の傷を労《いたわ》り合い、慰《なぐさ》め合い、励まし合った数年間。ケンカもすれば、一緒にシャワーも浴びた。同じものを食べ、一部屋に八人で二段ベッドに寝た。国境を越えた、同じ境遇の友。

もう、二度と顔を見ることも、声を聞くこともない。生きているのかどうかも分からない。戦争で知った喪失感を、またここで味わうことになる。

残る子供たちが泣きじゃくっている。

「私たちを置いていかないで！」

「私も家に帰りたい。ママに会いたい！」

「どうして、私は帰れないの!?」

先に帰ってしまう仲間に、しがみつくように訴えている。

すると、マリアンナの友人である少女が、アフガニスタンの少女の肩に腕をまわしてこう慰《なぐさ》めたのだ。

「私たちの人生は、忘れる人生なの。きっと、あなたも、私のことはいつか忘れるの。だから、泣かないで」

――――!!

これが、幼い子供の口から出る言葉だろうか。こんなやるせない、切ない、悲しい言葉。私は、茫然《ぼうぜん》としてしまった。

そして、白血病の子供たちを思い出した。

まだ小学生の子供たちは、病名を告知されないことが多い。理解するには幼な過ぎるという大人の判断からだ。

しかし、子供なりに疑問が湧《わ》き、患者同志で情報交換をしたり、点滴の効能を調べたりと、大人がすることと変わらない。

「私、病気のこと知ってるの。でも、パパやママは私のために隠してくれてるから、騙《だま》されたフリしてるの。これ、秘密よ」

親の愛情をこんなふうに受け止める子供はひとりやふたりではない。

そして、幼いなりに、死を考え、それに伴い、人生についても考えるのだろう。

退院して、学校に戻ってすぐは、「同級生が幼くみえる」「クラスの友達と話が合わない」と感じるそうだ。

人は傷つけ合い、愛し合いながら生きることを小さな体で感じ、小さな脳で悩み考え、ちょっと早く大人に近付くのかもしれない。

「病気になったのが僕で良かった。お父さんかお母さんがこの病気になってたら、僕は、きっと耐えられなかったよ」

大人びた口調で私にそう言い、亡くなった少年もいた。入院日数の何倍もの成長は、幼い子供を老成《ろうせい》させるのかもしれない。

少女の言った「忘れる人生」とは、忘れなければ生きてゆけない、「忘れたい人生」である。

平和村の子供たちに、傷の理由を尋ねても、皆一様に「忘れた」と答える。

手や足を失ったのは対人地雷《じらい》だし、機関銃で撃たれた傷とか、バーナーで焼かれた火傷《やけど》などは一目瞭然だ。首に包帯を巻いているのは、後から羽交《はが》い締《じ》めにされナイフで喉《のど》を切られたのだ。

遠い昔のことではない。記憶に残るはずの年齢で惨《むご》い傷を負ったのだ。

人間の素晴らしい能力のひとつは、忘却だと思う。忘却の力があるからこそ、いつかは笑い話にしてやる、なんてたくましくもなれる。

しかし、忘れたい！　忘れなければ！　と強く思えば思うほど記憶に深く刻み込まれるものでもあるのだ。

終戦から五〇年たった夏、私は広島に住む被爆者の方々とお会いした。

被爆者の皆さんは、当時のことをほとんど話したがらない。幼少時代の悲惨な記憶は、まるで二、三日前のことのようで、薄らぐ気配もないそうだ。自分の命が消える時、この記憶も消え、楽になれる、とおっしゃっていた。

広島に原爆が投下された八月六日から、五〇年、半世紀である。その年月をもっても、被爆者の心の傷はあまりにも深く、癒《いや》されることはなかったのだ。それが戦争だ。

それでも日本は、戦後は経済大国、先進国《せんしんこく》となり、平和である。

平和村の子供たちは、この先、将来も、平和は約束されていない。「忘れたい」という願望は、ある意味、生きてゆく手段として健康的な知恵であるかもしれない。しかし、「忘れられない」戦争という日常が待っているのだ。

本当に、この子たちを返していいのだろうか？　決して口にしてはいけない思いが湧《わ》く。帰国を喜ぶ子供たちに、私は全く素直に喜べないでいた。

私を忘れないで！

この日、私はさらにとてもショッキングな事実を知らされていたのである。

帰路に着いた子供たちは、親が迎えに来ることになっている。しかし、親がすでに殺されていることも多い。酷《ひど》い時は、四〇人の子供たちのうち三人の親しか迎えに来なかったそうだ。ドイツにいる間に身寄りを失くした子供たちは、そのまま施設行きとなるのだ。施設とは名ばかりのところというのは言うまでもない。

飛行機を降りた時、その運命は決まる。もちろん子供たちはそのことを知る由《よし》もない。パパやママと会えるのを信じて満面笑みの子供たち。学校に通えるのが嬉しいと言う子もいる。皆、一秒でも早く飛行機に乗りたいようだ。

そして、取り残されたように見送る子供たち。このまま衰弱《すいじゃく》して死んでしまうのではないかと思われるほどに泣きじゃくっている。

私は、胸が張り裂けそうで、空を仰いでため息ばかり大きくついた。泣くことしかできない自分が悔しくて、無念で……。このまま日本に帰ってはいけないのではないかという気がしてしょうがなかった。

マリアンナが、

「私のことを絶対忘れないで！　絶対よ」と何度も言う。

「私たちは忘れる人生」と言った少女も、「私のことを忘れないで！」と言う。

「忘れない。絶対、忘れないから」

その後に続く言葉を、私は飲みこんだ。

（また会おう。生きていれば、会えるかもしれない）

そして、本当は、

（どんな人生でも、人は幸せになる力はあるのよ）

と、言いたかった。

でも、言えなかった。忘れない！　絶対にあなたたちのことは忘れない！　と何度も言うだけの私だった。思いが、全然言葉に追いつかない！　なんてもどかしいのだろう。

そして、今回は帰国できなかったパルーシャにも別れを告げた。

「パルーシャのことも絶対忘れないよ。パルーシャも私のこと忘れないでいてくれる？」

かすかに頷《うなず》いたその顔は、やっぱり無表情のままだった。

日本に向かう飛行機の中で、脱力感と疲労感が押し寄せているのに、あれこれと思いを巡らせ一睡もできなかった。とまらない涙が変に温かく、とても惨《みじ》めで消えてしまいたかった。

スチュワーデスさんが、日本のファッション誌を渡してくれた。パラパラとめくると、カラフルな写真が飛び込んできて、なんだかとっても奇妙な気がした。

第3章

再会

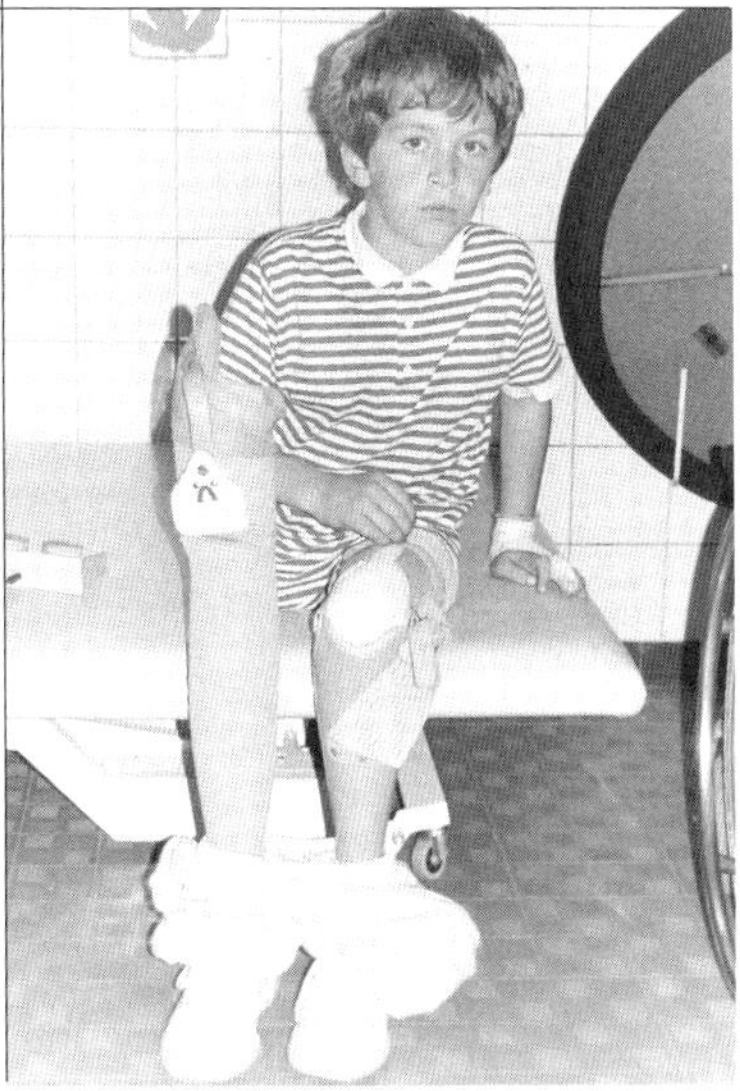

あなたたちが生きていることが大切

内緒で平和村へ

「ウルルン滞在記・再会スペシャル」で再びドイツへ行くこととなった。

再会できる！　と胸躍らせているのはウルルンチームと通訳のマリオンと私だけ。平和村の皆さんには全く内緒。これこそ本当にアポなし、聞いてないよーのノリだ。

ジョアオとマリアは、驚いて飛び上がり、抱きついて喜んでくれた。そして、大慌《あわ》てでホームステイをする私のためにベッドメイキングをしてくれた。よくよく考えると、非常識な私たちである。親戚でも電話一本は入れる。とんでもない再会だ。

ボーさんも、「信じられない！　ワォー」と、言葉にならない。そして、何を言い出すかと思ったら、

「日本から来たスズキさんは、チィさんが結婚したって言ってた。本当なの？」

そんなぁ、ワイドショーの芸能リポーターじゃあないんだから。そんな間違ったことを

言うスズキさんて方はどなた？　何だかワチャワチャのまま、再会のご挨拶に代えさせていただきますって感じだ。

そして、平和村の子供たち。

ワォー、増えてる！

それも、小さい子供たちが。

どうやら、戦地の情勢はかなり悪いというのは本当のようだ。

実は、今回、戦地であるアンゴラまで渡る予定にして来たのだ。短パン、ジーパン、Tシャツ、虫よけスプレー、インスタント食品など、何を準備していいのか何だかよく分からないけどとりあえず準備をしてやって来た。

平和村に連れて来られた子供たちの母国の現状や、連れて来てもらえない子供たちのことを知りたかったのだ。

そして、できれば、前回母国に帰ったマリアンナたちの消息を知りたい。もし、会えるのなら、「忘れる人生だけが人生ではない。私も、日本の皆もあなたたちのことは絶対忘れないし、応援している！」と、伝えたかった。

私なんかが言うのはおこがましいが、人生に夢や希望を持って欲しいと思う。私は、日本にいてもそのことが気がかりでしょうがなかった。

平和は人の頭と手で作るもの

しかし、現実は甘くない。

アンゴラの情勢も戦争保険のランク外で、取材班にも命の保証はないとのことだ。だから、乳幼児まで被害が及び、平和村に溢《あふ》れているのだ。

日本にいると、小さな国の戦地の状況はほとんど分からない。地球というひとつの星の中で生きているのに何だか妙な感じがする。普段私たちは、ほとんど点でしか見えていないのかもしれない。宇宙という俯瞰《ふかん》する位置からも世界を見るということが大切なのだ。

日本の平和にあぐらをかいているのは、とっても楽チン。でも、この平和だって、過去には戦争があり、戦後を乗り越え、他国の支援を受けて先進国《せんしんこく》、経済大国になったんだもんね。

〝世界平和〟って、子供の頃からなじんでいる言葉だが、その後に繋《つな》がる言葉はいつも〝願う〟とか〝祈る〟という動詞だった。

しかし、平和は願うものでも祈るものでもなく、人の頭と手で作るものなのだ。日本の今の平和だって、私たちの祖父母や父母の年代が汗水流して作り、守ってきたのである。世界の平和は、各国の平和、各個人の平和の集合体なのだ。

そういうことを、大人になってやっと実感できた情けない私である。図体《ずうたい》ばかりデカく、頭でっかちで恥ずかしい。でも、かなり遅いが、気付いてヨカッタ。平和ボケ人生真っしぐら、井の中の蛙《かわず》日本人になるところだった。

アンゴラ行きを断念した私たちは、平和村で一〇日間を過ごすことになった。

チィに会えるなんて、神様ありがとう

日本では、乙武洋匡《おとたけひろただ》さんの著書『五体不満足《ごたいふまんぞく》』がベストセラーになっているが、ここの子供たち一七〇人も皆、五体不満足《ごたいふまんぞく》だ。ただ、この子たちは、現代医学でもどうすることもできない理由で体の機能を失った訳ではない。

「ハロー、ハロー」とニッコニコで今回も迎えてくれるニューフェイスに、ひとりふたり知っている顔もいる。「チューズ」（ドイツ語でバイバイ）と別れたマドンナもいる。やっぱり右足は短いままだ。

そこへ、懐しい声が飛び込んできた。

私は、よく理解できないまま走り寄り抱き合っていた。

こんなことがあるだろうか！　マリアンナだ！

前回、喜び勇んでアンゴラに帰ったマリアンナが私に抱きついている！

「あんた、どうしたん⁉」

私は、あまりにも驚いたり興奮すると、広島弁と大阪弁がごちゃ混ぜになる。

「アンゴラで、また足の調子が悪くなったから連れて来てもらったの！」

キャー、ヨカッタ！　会えたぁ！　と私は叫びたかった。でも、マリアンナが平和村に帰って来た事情を考えると手放しで喜んでいいものか躊躇《ちゅうちょ》した。でも、マリアンナは、

「こうしてチィに会えるなんて、信じられない！　あぁ、神様ありがとう！」

と、私の手を離さない。こんなにはしゃぐマリアンナは初めてだった。永遠に会えないと思っていた友と、再会したのだ。私も神様の粋《いき》な計らいに感謝した。

「ママ、元気だった？」

「うん、元気だった！　チィ、髪切ったんだね、似合ってるよ！」

スタッフも誰も気が付かなかった私のヘアスタイルの変化に触れたことにビックリした。前回、私が思っていた以上にマリアンナは私を見ていたのだ。クー、泣かせるよな。

そして同時に、ママの話題から話を逸《そ》らしたのが気になった。パパのことを聞くと、もう二年以上も外国へ出稼ぎに行ったきりだと言う。今年のクリスマスには帰って来ると思う、と話してくれた。

マリアンナがそう信じているように、私もそう信じたい。

しかし、平和村の人の話では、男手は皆、兵士として駆り出される。二年以上も姿を見せないということは、きっともう…。ママは子供たちに本当のことは話せないんだろう…とのことだった。

そして前回、アンゴラに帰国した子供たちの中には、もう生きていない子もいると聞いた。私が一緒に遊んだ幼い小さな命は奪われたのだ。予想していなかったことではないが、現実を知るのはやはり辛《つら》く無念だ。

どうか、苦しまずに天国に召されましたように。今度生まれ変わる時は、どうぞ争いのない地へ、お腹一杯ご飯が食べられるところへ、勉強も恋愛もしてそして、長生きできますように。

時間が止まってしまったパルーシャ

私は、もうひとり会いたい少女がいた。でも、もしもう帰国して平和村にいないのなら、それはそれで喜ばしいことであった。

が、彼女はいた。

パルーシャは、前回と同じ車イスに座っていた。

「覚えてる？　私たちのこと？」

虚《うつ》ろな目、無表情のまま、小さくコクリと頷《うなず》いた。

リハビリセンターのトレーナーであるクラウディア先生は、苦戦していた。

「義足で毎日私の医務室まで通うことになっているの。でも、サボってしまうのよ」

パルーシャの帰国は遠い。

先生が何とか説得して義足をつけるパルーシャ。まるで、デジャヴのようだ。一進一退にも及ばず。義足で歩行訓練をする、心の傷を癒《いや》す、どれもやさしいことではない。

「なぜ、サボるの？　歩きたいと思わないの？」

クラウディア先生が何を聞いても、パルーシャの答えは同じである。

「ドイツ語は、分からないの……」

私たちが話しかけても、宙を見つめてイヤイヤをする。言葉が分からないと。

「彼女は、きっとドイツ語はほとんど理解しているのよ。でも、分かろうとしないの」

さすがのクラウディア先生も長期戦を覚悟だ。

一方、マリアンナのドイツ語の上達ぶりは目を見はるものがあった。

と言っても、私が分かるのは、エッセン（食べる）、グーテンモーゲン（お早う）、グーテンターク（こんばんわ）、チューズ（さようなら）、ヴンダバー（最高）、グーッ（グッド）、ナイン（ノー）、キンダー（子供）、シュメクトグーツ（おいしい）ぐらいなものなのだ。マリアンナの語学能力を絶賛したのは通訳のマリオンだ。

「スゴイよ、マリアンナは。とっても頭いいね。このままドイツに住めるね！」

事実、この平和村にずっといて欲しい！　優しさを増し大人びたマリアンナは、ボランティアスタッフ以上によく働いている。ポルトガル語を話す子供たちの通訳をし、食事作り、洗濯、掃除、乳幼児のお世話、と何でもしていた。きっと、実家でも働き者なのだろう。マリアンナがいなくなると、平和村は手が足りなくて困るのではないかと思われた。

私たちは、よく笑った。

私がお腹が空《す》いたとゼスチャーすれば、自分のカレーを分けてくれた。ベッドに入る前には、「チィの夢をみるよ」と自分で言っといて照れていた。

マリアンナの体も心も元気だ！　と、私は思い込んでいた。

足のケガも、今はもう痛くないと言っていたし。

一緒に病院に行き、レントゲン写真を見せてもらったら、膝には弾痕《だんこん》が三カ所あった。

膝関節は跡形も失く、その代わりに大きなボルトが写っていた。

この足では、一生棒のように真っすぐなままであろう。

「ボルトで繋《つな》いでいるとは聞いてたけど。ジョークだと思ってたの。本当だったのね」

と、マリアンナは愉快《ゆかい》そうに笑った。

私は、「しっかりしてても、まだまだ子供なんだなぁ」と、可愛らしく思った。

生まれてきて良かったとは思えない

ところがその数日後に、私という人間はつくづく未熟だなぁ、と反省することになる。

私は、マリアンナの言葉を理解していただけで、マリアンナのことを全然分かっていなかったのだ。

それは、前回訪問した時の番組を見たいとマリアンナが言い出した日のことだ。

そこで、ボーさんに許可をとり、マリアンナとパルーシャにビデオを見てもらうことにしたのだ。

義足をつけたパルーシャがマリアンナに支えられてオフィスに入って来た。パルーシャは、状況がよく飲み込めていないようだった。

ビデオが再生されると、マリアンナは一緒にいる私と画面の中の私をキョロキョロと見比べていた。私の仕事を理解したように、アーンと手を打って頷《うなず》いた。そして、自分や一緒に過ごした友人が登場すると照れまくった。時折、顔を両手で被《おお》ってクスクス笑った。

私が、「デュッセルドルフやケルンで募金活動をしているシーンになると、〃そういうことをしてたのね〃という目配《めくば》せを私に送った。そして、スタジオの出演者が涙しているシーンを食い入るように見ていた。日本語は分からなくても伝わっているようだった。

ビデオを見終わったふたりは、お礼を言ったきり黙っていた。

「私たちは、あなたたちのことを絶対忘れたりしないのよ。日本の皆は、心から支援してるの」

マリアンナは、私の目をじっと見つめ、小刻みに頷《うなず》いていた。

「ねぇパルーシャ、あなたの夢はなあに？」

私の言葉をマリオンがドイツ語に通訳する。

パルーシャの返事は、

「ドイツ語が分からないの」

マリオンは、眉を下げ肩をすくめて首を振った。

前回、マリアンナは、教師になりたいと言っていた。そして、ドイツで学んだ事を子供たちに教えていきたい。だから一日も早く、学校に通いたいのと、目を輝かせていた。私は、「マリアンナならきっといい先生になれるよ」と、両肩をポンと叩いたのだった。

私は、今回もそんな希望に満ちた声が聞きたかったのかもしれない。人が、夢や希望を持つのは極《ごく》自然なことなのだ。戦火の中を逃げまどい、心に深い悲しみの傷を負った子供であるからこそ、夢や希望が大切なのではないか、と考えていたのだ。

「ねぇ、マリアンナは？」

マリアンナは、何かを堪《た》えるようにキュッと唇を一文字にした。すると、みるみる内に大粒の涙がポロポロと零《こぼ》れた。そして、堰《せき》を切ったように訴えたのだ。

「アンゴラでは、ドイツのように治療ができないの！　私の足は恐ろしいほど腫れ上がって、身動きとれなくなったの。ママは寝たきりの私に付き添って、仕事も家事もできなくなったのよ！　私、死にたいって、自殺するって言ったらママが泣いて……！」

マリアンナは泣き崩れた。

……！　マリアンナがそんなことを考えていたなんて！

私は彼女の手をとり、背中をさすりながら訴えた。

「マリアンナ、生きていることが大切なの！　どんな状況でも、生きるのよ。あなたが生きていることが、私は嬉しいの！　ここにいる皆も、マリアンナの命があることがとっても嬉しいの！　ねぇ、離れてても一緒に生きていけるよね」

マリアンナの泣き声は更に激しくなった。

「マリアンナ、言いたいことがあったら教えてちょうだい」

両肩を支えると、マリアンナは顔を上げた。

「私のママの子供たちは、三人も殺されてしまったのよっ！」

私は、彼女を抱き締めながら、「辛《つら》いことを言わせてごめんね」と何度も謝った。

その時である。

パルーシャの頬に涙が流れたのである。じっと前を見つめたまま泣いていたのだ。

私はパルーシャを抱き締めた。

その部屋にいた八人全員の胸が締めつけられ涙する他なかった。

マリアンナは、才能豊かな子である。

ビデオを見て、瞬時に、テレビというもの、そして自分の役割を無意識のうちに理解したのだ。

あんなに取り乱しながらも、彼女の言葉はドイツ語だった。マリアンナは、戦火の子供たちを代表してメッセージを伝えたのだ。

私たちは、ただ生まれてきただけなのに。

いえ、せっかく生まれてきたのに。

生まれてきて良かったとは思えない！

もう、苦しむのはイヤ！

そして、パルーシャは、やっぱりドイツ語を理解していたのだ。閉ざした心が、聞こえなくしていただけだった。

マリアンナの涙がパルーシャを変えた

その後、町のハンバーガーショップに行った。パルーシャは、自分で歩いた。初めて自分の意志を見せたのだ。

その後のパルーシャの変貌《へんぼう》ぶりには目を見はった。もう、無表情を装うことは決してなかった。友達と笑ったり怒ったり、本来の子供らしさを取り戻していた。私と洗濯物をたたんだり、私の髪をアンゴラ風に結い上げたりもしてくれた。パルーシャの心が歩き始めたのだ。

私たち大人は考えた。

あの時、パルーシャに何が起こったのだろう?

きっと、マリアンナのお陰だ。

いつも陽気で親分肌のマリアンナが涙を見せた。パルーシャは、彼女も自分と同じ傷を持った同志だ、自分だけが悲しみ苦しんでいるんじゃないと気付いたのだろう。

パルーシャがママに会える日が、少し近付いたかもしれない。

マリアンナと私たちは、国境を越え、年の差を越え、言葉を越えた仲になった。そうなればなるほど別れが辛《つら》くなることは分かっていた。

そして、私は、私たちの帰る日が近付いているのをマリアンナに言えないでいた。

平和村スタッフと番組チームに生まれた信頼関係

最強チーム再結成

「ウルルン滞在記・再会スペシャル」でドイツ平和村が選ばれたのは、期待していなかっただけに喜びもひとしおだった。

実は、最初の平和村の放送の視聴率はウルルンの平均視聴率をクリアーした程度だった。決してそれがイコール評価だとは思っていない。が、ひとりでも多くの人に知ってもらいたいと願う私は、いささかショックだった。しかし予想を上回る反響の大きさ、そして、多額の寄付金が視聴者の皆さんの心が動いたことを物語っていた。よく言う、〝記録よりも記憶〟に残る番組になったのだろう。

そのお陰で、ドイツ平和村編ウルルンチーム再結成という運びとなったのだ。

それぞれに多忙で、スケジュールを合わせるにもひと苦労。アシスタントディレクターのチキちゃんは、すでに他のレギュラー番組を持っていたのだが、プロデューサーの心遣いで参加できた。日本メンバー五人プラス、マリオン。最強チーム！ と自画自賛《じがじさん》だ。同じメンバーには意味がある。

平和村スタッフとのコミュニケーションはとても重要だ。

平和村サイドは、平和村や子供たちの取材にはとてもナーバスになっている。と言うのもこれまでにいろんなことがあったらしい。

メッセージ性の無い内容だったり、誤解を招くような作りだったり、愕然《がくぜん》とさせられる番組も少なくなかったらしい。

確かに、同じ取材対象にカメラを向けても、撮り方や編集、ナレーション、BGM次第でどうとでも仕上がる。ドキュメントと言えど、人間の手で作品という形になるのだ。

そして、撮影スタッフの態度にも納得いかないというケースもあったそうだ。

ある番組のスタッフは、平和村をひと月近く取材しながらいつも遠巻きにカメラを向けているだけで、一度も子供たちと接しなかったそうだ。

入り込んで取材して感情的になり過ぎるのも良くない。客観視は大切だ。

しかし、仕事も結局のところ人と人とのつながりなのだ。

平和村の広報《こうほう》担当ボーさんが、テレビ取材に疑心暗鬼《ぎしんあんき》になるのももっともな話だ。

君たちを全面的に信じている

一回目に訪問した最初の頃、私たちは、ひとつひとつにボーさんにお伺《うかが》いを立て、ボーさんのチェックなしにはカメラはまわせなかった。撮影禁止のシーンもあった。日がたつにつれ、その規制が段々とゆるやかになり帰国する頃には、ボーさんは、私たちに「帰らないで欲しい。淋しくなるから」とまで言って下さった。

帰国の日、カワハラさんが制作費の余りをボーさんに寄付として渡した。ボーさんは、目を丸くし、「これは受けとれない」と返そうとする。カワハラさんは、「気持ちだから」とまた、ボーさんの手に渡す。まるで、日本のおばちゃんたちが食事の支払いを遠慮し合い譲り合う、あの光景だ。私たちはおかしくて吹き出した。そして、そのうち、ふたりはガッチリと抱き合った。ボーさんの身長は一八〇cm以上、カワハラさんはアメフト体型。そのままレスリングでも始まるのかと思った。泣き笑いで、サヨナラだ。

そして、再会。

ボーさんのチェックは全く無し！　立ち入ったシーンになると予想され、相談しようとしても、「君たちを全面的に信じている。平和村にも事務所にも自由に出入りしてくれていい。子供たちにも好きにカメラをまわしていい」と、すべてフリーパスだ。感無量《かんむりょう》のウルルンチーム。責任感もより一層強くなるというもんだ。

嬉しい視聴率一位

ドイツと聞くと友人たちは皆こう聞いてきた。「ソーセージおいしかった？　ビールもしこたま？」

はて？　ドイツでは何を食べたんだっけ。ソーセージは、一度ガソリンスタンドで立ち食いした。パンと一緒に。あれはデュッセルドルフへ行く途中、給油してる間に五分間ランチを摂《と》ったのだった。えっと、ビールは…？　そう言えば、じゃがいもとホワイトアスパラはとてもおいしかったっけ……。

私の記憶力にも問題ありだが、たいしたものは食べてない。食事どころではなかったのだ。

物理的に食事を摂《と》る時間も無かったし、そんな気分になれなかった。

あの子たちの現状、将来を考えると胸が詰まってと言うのか、胸が一杯と言うのか、とにかく食欲も消え失せていた。ため息をついては水ばかり飲み、車にガソリンが必要なように、エネルギー源として、食べ物を胃袋に流し込んでいた。

では、ウルルンチームは、ふさぎ込んで暗いムード一色だったのかと言えば、全くそうではない。

終始、冗談を言いふざけ合っていた。笑いが絶えなかった。小さなことでも楽しめる要素を見い出して、十倍にして楽しんだ。

不謹慎《ふきんしん》だって？

Ｎｏ！　Ｎｏ！　それは、誤解というもの。

怒り、悲しみ、痛み、嘆き、そんな負《ふ》の感情をずっと背負って、それとだけ向き合っていると気が滅入ってしまう。やってられない。笑う、楽しむというのも人間の才能。そうすることでひととき辛《つら》い気持ちから解放され、元気をとりもどすことができるというものだ。こうして自然にバランスをとっているのだろう。強くなくては、いい取材もできないのだと思う。お涙ちょうだい的な番組作りだけはしたくないのだから。

子供たちとも、たくさん笑った。楽しんだ。手ぶらの私やカワハラさんはもちろん、コマツさんはカメラを置き、ホンマちゃんもVEとマイクを置き、チキちゃんも取材ノートをポケットに入れて一緒に遊んだ。そうした子供たちと接する時間が宝物のように思えた。

そして、そういう時間が、平和村のスタッフや子供たちが心を開いてくれるという結果をもたらしたのかもしれない。

一〇日間ぐらいの海外ドキュメントリポートとなると、ビデオテープ一〇〇本はまわると言われている。平和村編でカメラをまわしたのは、三〇本である。異常に少ない。

しかし、中味は濃い！　と自負《じふ》している。

これは、平和村スタッフの懐《ふところ》の深さ、ウルルンチームの一致団結、そして両者に結ばれた信頼の強さと信じている。これまた自画自賛《じがじさん》でごめんなさい。

お陰様で、再会編の視聴率は非常に嬉しい結果となった。問題は数字ではない。ひとりでも多くの方に心を動かしていただけたら、そして、それが平和村の子供たちに届けば、と願う。

「コマツさんのカメラの向こうではね、遠く離れた日本でたくさんの人が君たちにエールを送っているのよ」

平和村クイズ

平和村が寄付されて困るものは？

　ウルルン滞在記はクイズ番組でもある。毎回三問のクイズに答えて一番多く正解した解答者はトップ賞を獲得できる。トップ賞の賞品は、ホームステイした国や土地の特産物であることが多い。

　平和村のリポートに関しては、クイズを出題するのはいかがなものか？　という声もあった。そこでクイズは二問という異例のかたちになった。それではクイズをご紹介しましょう。

　まず一回目のクイズの一問目は、平和村広報《こうほう》のボーさんより出題してもらった。

「平和村が寄付されて困るものは何でしょう？」

　比較的簡単。

　そう！〝おもちゃ〟が正解である。

約一五〇人の子供たちにおもちゃを与えるとどうなるか？　考えただけでゾッとする。私なんて、妹とたったふたり姉妹なのに、よく取り合いのケンカをしたもんだ。子供の頃って、人のものがおもしろそうに見えるのよねぇ。それは、大人になっても変わってないかも。隣《となり》のテーブルのお皿がおいしそうに見えるのはいつものことだし。

それに、子供たちの母国にあるおもちゃとは随分違うものだからである。先進国の文化を知ることは大切だが、そのおもちゃを自分の国に持って帰っても、充電機や乾電池は充分ではない。

男の子にとって最も辛《つら》いのは、サッカーボールを与えてもらえないことのようだ。特にアフガニスタンの少年は大のサッカー好き。しかし、ほとんどの子が足を損傷《そんしょう》している。せっかく手術に耐え、リハビリ中なのに、激しい運動をしては台なしだ。

でも、彼らは大人の目を盗んでは結構やってるのだ。ゴムマリでサッカーもどきに熱中だ。子供って、たくましい。

おもちゃが与えられなくても、子供は遊ぶのが仕事。鬼ごっこ、隠れんぼ、ビー玉、あやとり、お絵描きなど、国境を越えてキャーキャー遊ぶ。

女の子の間で、一番流行《はや》っているのはミサンガ作り。

日本では、Jリーグのサッカー選手が火付け役となった。ミサンガには、願いが込められていて、それが自然に切れた時叶《かな》う、と言われているらしい。

ウルルンチームと私の手首は二〇本くらいのミサンガがグルグルに巻かれた。少しずつ子供たちによって増えていったのだが、帰国する日、徹夜で編んだという子供たちが泣きながら巻いてくれたのだ。一本一本の願いは、子供たちの願いと同時にその国の願いでもある。カラフルなミサンガが手首にズシリと重い。

いただけない遊びもある。

松葉杖や杖を武器に、チャンバラごっこである。いやー、さすが子供。何でもやる。そして、そのふざけ合いが、いずれケンカになるというお決まりのパターンだ。そうなると、ピーターパンのフック船長のような義手までもが武器になる。

子供って、ホント、たくましい！

子供の才能ってすごいなぁー！ と感心させられることはたくさんある。その中でも、語学能力は、羨《うらや》ましいことこの上ない。

平和村の子供たちは、だいたいのドイツ語を理解する。逆を言えば、できなければ日常生活に支障をきたすのだから否応《いやおう》なしに覚えていくのだろう。それにしてもスゴイ！

では、平和村で生活する上で、世界各国の子供たちが一番最初に覚えるドイツ語は何でしょう?

ヒント、私もこの単語を一番に覚えた。

正解は、ESSEN《エッセン》=食べる、である。

生きるためには、食べる! 基本である。

では、ここで、番組で出題したクイズをもうひとつ。

料理担当のガービーさんからの出題。

「子供たちは野菜が好きではありません。ある工夫をすると、子供たちは野菜もモリモリ食べてくれます。さて、その工夫とは何でしょう?」

ちょっと難問。日本では到底《とうてい》考えられない。スタジオの解答者も、全員不正解だった。

正解は、辛《から》そうな色をつける、である。

要するに、パプリカで赤色っぽくしたり、カレー粉で黄色っぽくするのである。

と言っても、実は、色だけではない。

ホントに驚いたのだが、ちゃんと香辛料で辛《から》くした料理も多いのだ。充分大人用で通用する。ランチのカレーやシチューはホットな辛《から》さで、思わずビール! と手を挙げたくなる。

子供たちの母国の味に合わせているという心憎い配慮なのだ。外国の文化に親しみつつも、母国の文化も忘れぬよう大切に。

それにしても、毎日三食、一五〇〇人もの子供たちとボランティア分の食事を用意するのは、並大抵《なみたいてい》なことではない。その労力と時間、それに経費もかかる。いくら農家の方からいただく野菜もあるとはいえ、平和村のエンゲル係数はべらぼうに高い。スタッフの悩みのタネでもある。

しかし、子供たちの食べる時の無邪気な顔を見るのは、疲れを忘れさせてくれる時間であるようだ。食欲旺盛《おうせい》、まさに育ち盛りなのだ。

夢中で料理を口に運ぶ三、四歳の幼児は、人間の原点を見るようでもある。なんせ、大量の食材を下ごしらえするのだ。幼児用に別に調理するなんてできない。ピーマンは縦に四つ切り、肉もにんじんもゴロン！　と料理される。小さく切り分けて食べさせるボランティアの手も足りないので、幼児たちは自分でアーンと、大きく口を開け、大きな食材と格闘《かくとう》することになる。しかも、大人用のスプーン、フォークでだ。口のまわりも洋服も食べこぼしでベタベタである。〝生きるんだ！〟そんな声が聞こえるようだ。

でも、フッ……と考えてしまう。

いずれ飲まず食わずの母国の生活が待っているのだ。食の楽しさを覚えてしまって大丈夫だろうか……。

いや、この子たちのたくましさを信じよう。

たくさん食べて、大きくなぁれ！


子供たちをドイツに連れて行く時、必ずしてあげることは？


そしてそれから六カ月後の放送となった、再会スペシャルでのクイズである。

これを捻出《ねんしゅつ》するのにひと苦労した。

平和村での毎日は、とても忙しく立ち止まることがない。動きも思考もだ。現地で考えようと思っていた一問のクイズに巡り会えないのだ。

これは、もちろんディレクターの仕事だ。お手上げ状態のカワハラさんは、とうとう賞金作戦に出た。

「素晴らしいクイズを見つけた人に、金一封《きんいっぷう》二万円也《なり》！」

帰る日も近い。私たちは焦《あせ》りモードだ。皆あれやこれやを出題するが、全て却下《きゃっか》。二回目の訪問でクイズになり得る新発見をするのは至難の業《わざ》だ。解答者も海《うみ》千《せん》山《やま》千《せん》だし。

そこで、心にずっと引っかかっていたことをクイズにしてみた。

「子供たちを平和村へ連れて行く時、家族と別れる前に必ずしてあげることは何でしょう?」

…? ウルルンチームは誰も答えられないようだ。

ある日、平和村のオフィスに早朝出勤したジョアオに付き合った私は、平和村の資料に目を通していた。ドイツ語なのでチンプンカンプンなのだが、資料写真も大量にあった。

戦地の写真は、銃撃《じゅうげき》の音や、逃げまどう人の声が聞こえてくるようだ。

子供たちの傷の写真は、モノクロでなければ私は吐いていたかもしれない。平和村の子供たちは、すでに手術、治療をしているので傷跡だが、写真はそうなる前の状態の資料だ。

後頭部がグサッと抉《えぐ》られた少年、パカッと傷が二〇cmほど裂《さ》けている自分の足をジッと見つめる少女、顔中の火傷《やけど》を血と体液でテラテラと光らせ泣いている子など……。

ヒッ! と息を吸い込んでしまったのは、お腹から腸《ちょう》がデロリとはみ出している子の写真だ。ウジ虫も湧《わ》いている。なんとこんな瀕死《ひんし》の状態でドイツへ連れて来てもらったのだ。

コンソメスープを飲ましたら、腸《ちょう》のあちこちからピュッーとスープが流れ出たそうだ。嘘のような話だ。この子は、元気になって母国へ帰ったそうだ。よかった。

そんなたくさんの資料写真の中に、家族で写っている写真を見つけた。

「あっ、この子知ってる。この子も！」

私が最初の訪問で遊んだ子供たちがたくさんいる。どこか不安そうな顔で、お父さんやお母さんと写っている。

ビデオ・スチール（写真撮影）担当のマリックさんが説明してくれた。

〝確かにドイツの平和村に出発します〟という証明写真だそうだ。時として、その国の政府に提出する必要もあるらしい。

そして、帰国した際の親子確認にも使う。

子供にその写真を持たせ、

「Whose child?（どなたのお子さんですか？）」と、親を探すこともあるそうだ。長年離れている間に、子供は大きく成長する。無理もない。

そして、マリックさんは、再会した親子の最高の笑顔にもシャッターを押す。

「写真はね、物語ってるでしょう？　この子たちの笑顔。私たちの活動が報《むく》われる最高の瞬間ですよ」

彼は、嬉しそうに目を細めた。

これらの写真のことを、ウルルンチームはどうやら知らないようだ。

正解は、〝家族で写真を撮る〟だ。

「東さん、採用です！　おめでとうございまぁーす」拍手喝采《かっさい》に得意気《とくいげ》な私。賞金二万円はもちろん平和村へ寄付！

一秒でも多く実態を伝えたい

と、クイズを何とか作成したはずだったが、ちょっとしたハプニングが起こった。

再訪ドイツも終盤にさし迫《せま》った頃、日本から連絡が入った。

再会スペシャルは二時間の拡大番組である。三人のリポーターが三カ国でホームステイをする。ところが、ひとり、ビザの問題で渡航が不可能になったとのこと。必然的に番組は、三本から二本構成へ。ドイツ編の配分時間も、単純計算で四〇分から六〇分へ拡大だ。

しかし、ドイツの滞在日数の延長は無い。ウルルンチーム全員、驚き、焦《あせ》った。

「何かテレビ的なことしたほうがいいんじゃないのか？」

「六〇分もつかなぁ、まいったなぁ」

でも、皆、内心嬉しい気持ちがあったのも事実だ。一秒でも多く平和村の実態を伝えたい。そして、テレビ的な仕掛けが無くても、事実を伝えるだけで充分メッセージは伝わると信じたい。

「大丈夫！　ダイジョーブ！」

「ゼンゼン問題ないでしょー！」

明るい声だったが誰も目は笑っていなかった。より一層、気持ちを引き締めた。直後、カワハラさんは、激しい嘔吐《おうと》と下痢に襲われた。原因不明で本人は首をかしげていたが、あれは、きっと極度の緊張とプレッシャーだったんだろう。ディレクターという任務はそれほど大変なもので、これくらいやりがいのある仕事なのだ。

そして、スタジオ収録。

平和村のシリアスなシーンの連続に、クイズはホッとひと息のムードを与えてくれた。

この日のクイズのトップ賞は、クレヨンと画用紙二七〇セット。もちろん、平和村の子供たちにそのままそっくりプレゼントされた。

ボルフガングの悩み、ボスの夢

思い悩むボーさん

平和村で過ごした時間を振り返った時、反省や後悔は山のようにある。

その中のひとつに、ボーさんの件がある。

ボーさんともっと話す時間を持つべきだったのではないだろうか、もっと言えば、ボーさんファミリーとコミュニケーションをとりたかったと悔やまれる。

再会したボーさんは、深く悩んでいた。

平和村のスタッフを続けるかどうかをだ。このことは私にとっても、とても意外で、衝撃的なことだった。

ボーさんは、平和村の広報《こうほう》として平和村の存在、現状を広めつつ、寄付金を募るため、毎日東奔西走《とうほんせいそう》している。帰宅が夜遅くなることも珍しくないようだ。

ボーさんは、平和村の子供たちをとても愛している。

彼は、子供たちが母国に帰る日は、事務所から一歩も出ない。耐えられないのだ。子供たちとの別れ、そして、あの子たちのゆく末を思うと、とてもじゃないけど見送りはできないと言うのだ。

そして、

「こんな僕を軽蔑《けいべつ》するでしょう？　僕は、あの子たちに掛ける言葉を見つけられない。弱い人間なんです……」

と、ガックリと肩を落とすのである。

子供たちを母国に見送る日は、一年に何度もある。その度に、そんな思いに駆《か》られるのだ。それは、弱さではない。その感情に慣れることのないボーさんは、とても慈悲深い優しい人なのだと思う。そして、それはそれは真面目《まじめ》な人なのだ。

給料が二年間支払われていない!?

そんなボーさんが、平和村スタッフとして存続の危機にある。大ピンチだ。

その理由は、ボーさんの奥さんの不満が爆発しているらしいのだ。

ボーさんは、平和村のスタッフであって、ボランティアではない。故《ゆえ》に、毎月お給料が

支払われる職員なのだ。（平和村は、利益を目的としない団体、ＮＰＯで、職員は四三人いる。ジョアオとマリアはボランティア）

しかし、ボーさんのお給料は、ここ二年支払われていないという。

ヒャー、ヒドイ…！

これ、普通の感覚でしょ。サラリーマン、ＯＬ、アルバイト、どんな仕事内容であれ、サラリー無しでやってられるかっちゅうねん！　やりがいのある仕事、好きでやってる仕事、そんな綺麗事《きれいごと》で二年も無給では家族も辛抱《しんぼう》できない。

しかも、ボーさんにはふたりの幼いお子さんがいるのだ。奥さんの家計のやりくりの苦労が窺《うかが》われる。堪忍袋《かんにんぶくろ》の緒《お》が切れるには、充分の年月だ。

平和村は超ド級の貧乏、大赤字なのだ。ドイツも不景気で寄付金が全く充分でない。

「あなたは自分の子供は可愛いくないの？」

「家族の生活はどうなるの？」

毎日のように責められているのだろう。

私は、人の家庭に立ち入って悪いと思いつつ尋ねてみた。

「ボーさんが平和村を辞めないと、離婚なんてこともあるの？」

「……、イエス…」

「そんなぁ！」

「僕は、平和村の子供たちを愛している。でも妻も僕の子供も愛してる。離婚なんてしたくないんだ。その時は、家族を選ぶだろう…」

それは、当然のことなのに、まるで自分が酷《ひど》い男だと言うように、

「僕は、どちらにも力不足だ」

と、自分を責める。そして、

「誤解しないで。妻はとても優しい人なんだ」

と。

そこで、奥さんにもインタビューをしたいと申し出た。すると、平和村に関してのコメントは難しいとのこと。

問題の根はかなり深い。

ボーさんファミリーとは、一度短い時間だがお会いした。奥さんはとてもチャーミングで知的な方で、ふたりのお子さんも可愛い盛りだ。しかも美男美女夫婦のこれまたいいパーツばかりが遺伝していて、他人の私でさえ将来を楽しみにしたくなる。誰の目にも、ボ

ーさんファミリーは愛し合っているとわかる。

ボランティアは家族や周囲の理解、協力が得られなければ大変困難になる。私の場合、ボランティア活動の日は事務所がスケジュールを空《あ》けてくれる。一円にもならないことには協力できない、と言われればそれまでだ。我が事務所にも感謝である。

そして、本人に犠牲感《ぎせいかん》があってはいけないのは当然のこと、他の誰かが犠牲《ぎせい》になったり、迷惑をかけても絶対だめ。関係がぎくしゃくし、活動が苦痛になり続かなくなる。

例えば、骨髄《こつずい》移植推進財団の職員の皆さんも家族の理解無しでは、務《つと》まらない。実際思うところあって自分の意志で、ある大企業から財団に転職した人もいる。勤務時間も年収も変わるのでかなり家族と話し合ったそうだ。家族の応援も大切なのだ。

ボーさんは、平和村にとってなくてはならない大切な職員だ。

しかし、夫でもありパパでもある。それは、ボーさんでなければならない。他の誰かじゃ代わりは務《つと》まらないのだから。

ボーさんと、その奥さんも思い悩む日々だ。理想と現実には、大きなギャップがある。

これは、ボーさん夫婦の問題であると同時に、平和村の抱える大きな問題でもある。

平和村の子供たちが私の子供

ボス、ゲーゲンフルトナーさんも頭の痛いところだ。

ボスは、職員やボランティアがあまりにも平和村に献身的になることを危惧《きぐ》している。それが原因で、彼らの家族の崩壊があってはならないと強く訴えていた。過去にそういう例も無かった訳ではないらしい。

「そういう恐れがあるような職員は辞めてもらうことも考えています」

平和村に献身的な人は、自分だけでたくさんだ。職員を守らなければ。ボスはそう考えているに違いない。

実際、ボスは身も心も平和村に捧《ささ》げている。

ボスにも愛する人はいた。その人と結婚をしたい、ふたりの子供も欲しいと思ったそうだ。

でも、自分のそういった幸せを叶《かな》えながら平和村を運営していくことは無理だ、という答えを出したのだ。

「平和村のあの子たちが、私の子供です」

ボスの左手首には、ミサンガが一本巻かれている。それが切れると、次のミサンガがデスクの一番上の引き出しの中で待っている。その本数は数えきれない。

「誰からのものか全部覚えているのですか？」

という私の問いに、

「もちろん。これはアフガニスタンの子。次は、アンゴラの子がくれたミサンガをします」

優しい笑顔で答えてくれた。

この世から平和村が無くなる日

ボスは、地球上の平和を心底願っている。

できることなら、戦地で傷ついた全員の子供たちを救いたいのだ。

平和村に収容できる人数は、八〇人。しかし、現実には倍以上の子供たちが生活している。もう飽和状態をとっくに越えている。

平和村のスタッフは子供たちを母国に帰す時、同じぐらいの人数の傷ついた子供たちを新たに引き受ける。スタッフにとって、この上ない苦悩の時だ。

傷ついた子供たちは、親に連れられてそこに何百人と集まっているそうだ。どの子を平和村へ？

条件のひとつは、親が生きていること。

そして、もうひとつの条件は、ドイツに連れて行っても生きられそうな子。

こんなに残酷なことがあるだろうか！

私は、芥川龍之介《あくたがわりゅうのすけ》の『蜘蛛《くも》の糸』の挿絵《さしえ》を思い出した。

どの親も、「うちの子を！」と懇願《こんがん》する。ほとんどの子が、このままだと確実に天国へ召されてしまう。ひん死の状態だ。選ばれなかった親子も地獄なら、選ぶ側も地獄だ、と
ボスは言う。

「どうしてウチの子はだめなの？」

置き去りにされるあの親子たちの目が忘れられないそうだ。夢にまででてくると。

「一体、私は何様《なにさま》なんだ！　…と思うよ」

そう言ったスタッフもいた。

ボスは、いつも淡々と話し、喜怒哀楽《きどあいらく》がよく分からない人だなぁ、と私は感じていた。

スタッフに言わせると、非常に厳しい人だそうだ。

彼自身の個人の幸せを諦《あきら》めた日から、そうならざるを得なかったのではないだろうか。

ひとりで生きる選択をしたボス。

彼が子供たちに囲まれて語った言葉が、平和村の目標だ。

「この世から、平和村が無くなる日が来る。それが、私の夢です」

アズマ、ドイツのバリアフリーと教育に驚く

福祉が溶け込んでいる国

なぜ、ドイツの福祉、ボランティアは進んでいるのか？

最初のドイツ滞在では、答えを見い出せなかった疑問だ。ヒントでもいいから何か知りたいなぁと思っていた。

ドイツの街は、予想以上に美しい。

自然と人工が無理なく融合している。

築一〇〇年以上なんていう建物はザラで、古いものになると二〇〇年を越える。驚いたことに、古ければ古いほど価値は上がるので家賃も高くなるそうだ。日本と正反対である（建築方法が違うのだから比較にはならないか）。歴史ごと買い受ける感覚なのだろうか。アンティーク家具などと同じなんだろう。日本の木造建築に味わいがあるように、ヨーロッパの石造りにも強く魅かれるものがある。

デュッセルドルフやケルンといった都会でも、ゴミゴミした感じはない。歩道も広く、段差も少ない。

そう！　見事なまでにバリアフリーなのだ。

日本でもやっとこさ定着してきた言葉、〝バリアフリー〟。

おととし、母が足の手術をして三カ月ほど車イスの生活になった。たまには外の空気を、と思ってもゆっくり空気を吸える状況ではなかった。道路は段差だらけ、本屋は入口でストップ、化粧品を買おうにもドラッグストアに入ったら最後、身動きもとれやしない。食事をするのもさぁ大変。もちろん遠出なんてできやしない。ノンステップのバスに乗れるかどうかは運次第！　母は怒った。

「この街は、車イスを迎えてないわねぇ！」

欧米に旅行すると、どこの空港にも車イスの旅行者がいる。街にもレストランにも遊園地にも、どこにでも日常に見かける。

「日本は、病気や障害を持った人が少ない」、実は、私はうんと若い頃、そう思っていたのだ。恥ずかしいったらありゃしない。

だって、都会や町にはそういった施設もあまり見かけないし。それは、建設となると、住民の反対運動があったり、その周辺の不動産としての価値も下がるからなんだってさ！　それを人は皆、どんな状態でも生活を楽しみたいし、豊かに暮らしたいと思っている。それを万人に許さない国、日本。カッチョ悪ィー！ 税金払ってんだけどなぁ。確か、義務教育で〝人権〟って教わったんだけどなぁ。経済大国日本は人権小国である。

ドイツは、本屋さんにしても「車イスのお客さんいらっしゃーい」である。通路が広く階段の横にはスロープ。経営者としたら、この通路に、何百冊の本が並べられることかと電卓をたたくのは当然だろう。しかし、そこは、福祉の国、人権の国なのだ。これでこそ、お客様は皆、神様です！　の心となる。

福祉が特別なことではなく、人が人として生活するために不可欠な要素として溶け込んでいる国、その地域で育《はぐく》まれる人間性というのも大きいであろう。そして、地域と人間性の相乗《そうじょう》効果もあるだろう。

ここで、ドイツ人についてちょっと触れたい。私は、ドイツの人は定規で測るように真《ま》面目《じめ》でおカタイというイメージに少々ビビっていた。それは、大きな間違い。ユーモアに溢《あふ》れ、時間にルーズなところもあり安心した。ドイツ人という大きなくくりは、もちろん危険であるが、どのお店に入っても、計算は早くない。マリオンいわく、「ドイツ人は算数が好きじゃないのよ」。意外である。それに、ボランティア精神には溢《あふ》れていても、サービス精神はほとんどない。ファーストフードの店員もムッツリ。スマイル0《ゼロ》円なんて通用しない。あっ、この店員さんニコニコしててイイ感じ、と思うとイタリア人だったりする。日本は、サービスにウルサイところがあるので、私の目にもそう映ってしまったのだろう。まあ、日本はその分ボランティアは、遅れてるけどね。

ドイツで見るベンツは小さい

ドイツは都会でも、空気が澄《す》んでいる。緑が多いということもある。が、それだけではない。私のコンタクトレンズが汚れないのだ。

車のアイドリングをしていないお陰である。法律でも禁止されているそうだ。

それに、車が小さい。ドイツと言えばベンツ。日本で見るベンツはガッチリデカイのに、本場ドイツを走るベンツは、皆小回りが利《き》いている。デカイベンツには、滅多に出会えない。

「日本は小さい国なのに、どうして大きい車が好きなの」と、素朴な疑問のジョアオ。

「日本はね、マイホームが夢のまた夢で、うさぎ小屋のような小さな部屋だから、車ぐらいはね、ステータスで…」しどろもどろの私。

?マークが飛ぶジョアオ。

しかし、地球環境を考えると日本もそうは言ってられないのだ。

COP3（地球温暖化防止京都会議）でCO_2を、二〇一二年までに一九九〇年レベルに戻そう！　と決定した。そうしなければ、二十一世紀には、気温が二度も上昇することになるそうだ。それが地球にとってどういう意味か。ああ、恐ろしや！　地球人として、私たちもCO_2削減しなければならないのだ。我々のエコ意識がいかほどのものか。つくづく、お寒い状況である。

日本の省エネは、なんて生ぬるいのだろうと、気付かされることだらけ。

ドイツの夜の街に、ネオンはほとんどない。オフィスの電気も必要最小限。平和村の事務所にしても、外観は休業中？　と勘違いしそうだ。廊下もトイレも薄暗い。使用する部屋にだけエアコンと電気をつける。

家庭の節電にしてもしかり。ジョアオの住むアパートは、アパートそのもの、全戸のヒーターが夜にはストップする。でも寒さは感じない。昼間、在宅か留守にかかわらずソーラーシステムでポッカポッカに暖めておくのだ。

ゴミにしても、その分別は細かい。公園にも何種類にも分別されたゴミ箱がある。省エネ＝《イコール》地球環境の意識の高さには頭が下がりっ放しである。この徹底ぶりは、日本と比較すると月とスッポンである。

バブルにどっぷり漬かってしまった日本人の意識、このままだとヤバイ。諸外国とどんどん足並が揃わなくなるぞ。

先進国《せんしんこく》って、経済大国って、豊かさって、ナアニ？　疑問はますます深くなる。

なぜそんなことを聞くの？

平和村の若いボランティアに、なぜボランティア活動をしているのか質問を投げかけてみた。

ドイツの徴兵《ちょうへい》制度は拒否もできる。ただし、二年間のボランティア活動を強《し》いられる。過半数の男子が拒否を示すそうだ。

そうした男子は、明確な答えを持っている。

しかし、ほとんどのボランティアが、「なぜそんなことを聞くの？」といった不思議そうな顔をするのだ。

日本のボランティアには、大抵答えが用意されている。私もそうだ。始めたきっかけ、続ける理由、学んだことなど、話せることはたくさんある。それはきっと、まだマイノリティの世界で、非日常的な活動だからだろう。

ドイツの人にとって、ボランティアは特別なことではなく日常なのだ。「どうして掃除をするの？」という質問と同じレベルなのかもしれない。

「えっ、なぜって……。私には時間もあるし」

「山があるから山登りをするのと同じで……」

「二年間ボランティアに専念して、大学に行く予定です。その間に何を学びたいのか考えたいし」

なんて、さりげないんでしょう。カッコイイ！　この国では、誰からも「大変ですね」「エライですねぇ」なんてヘンな言われ方はされないんだろうなぁ。イイナー。

学校に行って、生徒と話がしたい

では、なぜ平和村なんだろう。

以前、ボーさんは、

「第二次世界大戦の反省があるからです」

と、答えた。

エッー？　カッコ良過ぎやしないかい⁉　眉唾《まゆつば》だよー。ボスがそう言うのならまだ分かる。でも、ボーさんは、私とさほど年も変わらないのだ、と思ったのだが、ずっと心の片隅にあったボーさんの言葉。そして、共通一次世代の私が日頃感じている疑問。「日本の教育ってヘンじゃない⁉」何だか合体しそうな予感。

「私、学校に行ってみたいです。生徒と話がしたいんだけど」

突然のお願いに大わらわのボーさん。教師をしている友人の学校など、三校にあたったが撮影許可が下りない。最後の四校目の返事待ち。諦《あきら》めかけた時、吉報《きっぽう》が飛び込んだ。

いざ、出陣《しゅつじん》！

ドイツの教育制度は、日本と異なる。日本で言うところの中学、高校の年代は同じ学校に通う。大学受験はないが、大学卒業は恐ろしく難しい。日本とは正反対である。私なんて一番頭良かったのって受験の前後だけ。合格通知を受け取った途端《とたん》、解放感一杯で学習意欲はどこへやら。でも、要領で卒業できてしまうんだなぁ。今になって、もっと授業や講義をちゃんと聞けば良かった、と反省しきりのトホホな社会人だ。

その学校は、円形状の近代的な建物で、中庭は小さなジャングルのように緑が生い茂っている。何だか、自由の匂いが漂っている。

第二次世界大戦を一年半かけて学ぶ

生徒たちはすぐに集まってくれた。一五歳から一七歳ぐらいまでのピチピチボーイズ＆ガールズ一一人。髪の色も瞳の色も様々。ドイツに住むヨーロッパ人だ。

まずは、生まれ育つ自分の国ドイツに関して尋ねてみた。

すると、パーマをかけたロングヘアーの女の子から思いがけない言葉が！

「ドイツに生まれたことを恥ずかしいと思います。今を生きる私たちが反省し……」

えっ⁉　ちょっと待って、何言ってんの？　私ついていけない。若いあなたがドイツの何を反省するの？

「第二次世界大戦において、ナチスドイツがしたことをです」

うわぁ、ボーさんと同じことを言ってる！

「本当にそう思ってんの？　他の人も？」

全員が手を挙げた。

ヤラセ？　とんでもない！

「日本のテレビに出たい人ー!?」と、遊んでいた生徒にこの指止まれをして、集まった子たちだ。

「第二次世界大戦については詳しく学習するの？」

「えーと、一年半くらいかなぁ」

えっ!?　私、イスからズリ落ちそうになる。いっいっ、いちねんはん!?　第二次世界大戦だけで!?　アンビリバボーである。

私って、第二次世界大戦についてどれぐらい学んだっけ。近代史にさしかかる頃は、受験勉強に火が付いていて……。確か授業も追いかけごっこのように倍速勉強だった。年号と起こったことだけしっかり暗記した。虫食い問題に備えて。

一年半、何を勉強するんだろう？

教科書を見せてもらって、また、腰が抜けそうになる。

生徒は
ひとさし指を立てて
手をあげる
手をあげるだけでは
ナチスを思わせるから
ハイル
ヒットラー

歴史の教科書は分厚《ぶあつ》くて、中世までと近代の二冊に分れている。近代史の中の第二次世界大戦については一cm以上の厚みがある。戦争の詳細がぎっちりと詰まっているのだ。

第二次世界大戦においてのナチスドイツのファシズム、ユダヤ人に対する残虐行為《ざんぎゃくこうい》、アウシュビッツの収容所、毒ガス…これら歴史上の事実をどのように子供たちに伝えるのだろうか。日本では、教科書での表現方法には慎重《しんちょう》過ぎるぐらいに慎重《しんちょう》である。（と書きつつ私もどうやら言葉を選んでいるようだ）

「先生、表現に気を遣いませんか？」

「？　なぜですか？　真実はひとつ。教師は真実を教えるだけですよ」

ガーン！　何て歯切れがいいんだ！

ごもっとも、真実はひとつ！

何で、日本の過去の歴史の真実はひとつじゃないのだ!?　侵略？　進出？　従軍慰安婦《じゅうぐんいあんふ》、南京大虐殺《なんきんだいぎゃくさつ》……奥歯にモノはさまりっ放しの五十余年！　もう、そろそろアクションを起こして下さいよ！

「私たちは、第二次世界大戦がなぜ起こったのか、どうなったかを教わり、どうするべきだったか、そして、今の私たちは何ができるかを考えます」

素晴らしい！　考える力を養う教育である。

「日本もドイツと同じ歴史を持ちますよね。同じように学んでいるんでしょ」

へっ⁉　それって質問？　わぁー、困った。ここは、真実を述べるしかない！

私は、いかに日本の学生が勉強をしているか話した。幼稚園児からお受験があり、ほとんどの生徒が塾通い。しかし、それは試験のための勉強で、考える能力を養うものかどうかは疑問である、と。

そして、私が広島県出身であると知ると、オオーッ…と眉をひそめた。

日本ではないリアクションだ。渋谷や原宿にたむろする同年代の若者に、八月六日や八月九日、八月一五日に興味を示す人が何人いるだろうか。

「日本は唯一の被爆国なのに、なぜ戦争を学ばないの？」

もうっ！　いちいちごもっともだ！

広島の学校では、同和《どうわ》教育や平和教育にかなり力を入れている。因島《いんのしま》にいた頃は、全国的に同じ教育を受けていると思ってた。しかし、都会に出て、それが特別の教育だと知り、ショックを受けた。

「知らないほうがいいよ。寝た子を起こす教育は良くないよ」

なんて、スカタンなことを言う友達もいた。何事も知るところから始まるのだ。その一歩を踏み出さなければ何も進展はしない。

あれっ？　じゃあ、第二次世界大戦については、私たちも皆、スカタンじゃん。自分の国の歴史について語れない。被爆国として、今、私たちは何をするべきなのか？　ドイツと似た歴史を持つ私たちは、アジアの諸外国に対してどうするべきなのか？　も。

今一度、自分の国の歴史を勉強しなくては！

「広島の被害者の数を問題にするよりも、なぜ原爆が投下《とうか》されたのかが大切なんですよ」

一七歳の少年に、勉強の仕方までたしなめられてしまった。

僕らの問題でもある

私は子供の頃、なぜ勉強しなくてはいけないのか分からなかった。小学生の頃は、親に誉められたいから、中学・高校は受験のためだった。だから、ちっとも身についていない。

大人になって（しかも最近）、教育の意味が分かった。教育は自分を表現するため、自分を守るためである。人格形成にとても重要なもので、生きるベース作りとも言える。教育を受けながら、自分には何が向いているか、何がしたいかを見つけていくのだ。

ここの生徒たちは、それを理解している。

「政治に興味がありますか？」

話題を変えてみた。

「当然ですよ。政治を知らないと〝今〟が分からないでしょ。私たちはここで生活してるんだもん」

聞いた私がおバカでした。

「ボランティアについては？」

「今は、チャリティー活動をして寄付をすることしかできない。まだ、子供だから自分の責任において活動するのはね。教育が終われば何ができるか見えてくると思うのよね」

なんてしっかりと自分の考えを持っている〝子供〟なんだろう。

「平和村については？」

「僕たちは寄付をしているけど、それは表面的な事に過ぎないんだ。戦争が起こっているということは、僕らの問題でもあるんだ」

思わず拍手をした。その通り。あんたたちは、ホント偉い！　グローバルな視野を持ってるわねぇ！

ある程度、覚悟はしていたが、こんなにカルチャーショックを受けるとは！

ドイツの人は地球人

この大討論大会は、軽く一時間を越えた。カメラマン、コマツさんの「すまん。おシッコ行かせてくれ！」の声で、大笑いとなって幕を閉じた。そして、コマツさんがカメラを置いたとたん、生徒たちは、チョコレートやガムをポケットから出して私にくれた。

「もう！　そんなこと話すんだったらもっと勉強してきたのに」

「そうそう。日本のテレビがファッションを撮りにきたと思ったのにねぇ」

しつこいようだが、この生徒たちは特に優秀な子を集めたのではない。先生が言うには、極《ご》平均的な学力の生徒ということだ。たまたま、その日、そこにいた今時の学生である。

皆、それぞれに個性的なファッションで、個性的な〝私の意見〟を述べてくれた。

私が十代の頃は、制服を脱いでも、皆と同じファッションをなぞっていた。自分というものを持っていなかったので〝お揃い〟という鎧《よろい》に身を包んで安心していたのだろう。ファッション形態こそ違うが、今の十代と同類だ。

日本の教育って、なんじゃこりゃ！　だ。

このままで良い訳ない。

子供の頃、同じ価値観を押しつけられて、大人になって「個性を発揮しろ」だなんて。どっちやねん！　って突っ込みたくなる。

私が出会ったドイツの人は、地球人である。ドイツの福祉、ボランティア精神が少し分かった。それは、ほとんど、子供に教えられた。


病院で深呼吸ができた！


私は、骨髄《こつずい》バンク関係の活動で全国何カ所もの病院を訪《たず》ねている。それでも、未だに血を見るのも注射も恐い。子供の時から進歩なし。献血やドナー登録の際には、決して自分の腕を見ない。頭の中では一生懸命歌を歌ったり、楽しいことを考えたりしている。すごい小心者である。それに、病院のあの独特の臭いもだめ。あれって、消毒の臭い？　薬の臭い？　まるで自分まで病人気分でクラクラしてくる。そんな根性なしなので、結構一大決心で病院に臨《のぞ》む。

ドイツでも、入院中の子供たちのお見舞いに行った。意を決して病院内へ。

なんと、深呼吸ができた！

なぜなんだろう。エレベータも廊下も病室も広々として天井も高い。うーん、贅沢《ぜいたく》な造り！　広いから臭わないのか？

そして、医者、看護士、看護婦の皆さんも穏やかな表情だ。

なんだか、私の〝ドイツの病院〟のイメージと全然違う。医療スタッフも、充分に手が足りているのだろう。

平和村の子供たちの手術、治療、義足などの処置は、全て無料だ。三〇〇カ所以上の病院がボランティアで引き受けてくれている。

もちろんドイツの全ての病院が赤ひげ先生ではないだろう。が、素晴らしい！　これも第二次世界大戦の反省ということなのだろう。

韓国の病院で

韓国の病院でも考えさせられたことがあった。骨髄《こつずい》バンクへの登録を募《つの》る啓発《けいはつ》活動に行ったのだが、こちらが大いに啓蒙《けいもう》された。

日本では、未だに病気の告知については物議《ぶつぎ》をかもしている。が、韓国のその病院では、そんなの時代遅れも甚《はなは》だしいね、という感じだ。

ナースステーションの入口にホワイトボードがあった。そこには、患者さんの名前、性別、年齢が書かれていた。そして病名が書かれているのだ。しかも、再発なんてこともご丁寧に。大人か子供か、病気が重いか軽いかにかかわらず公表している。

これには、ホントに驚いた。良い、悪いは別にしてメリットもあるようだ。

患者さんが自分の病名を知ることで、一時的にパニックになることはあってもやがて病気を理解する。悪戯《いたずら》に疑い、不安になることはなくなる。日常生活の気を配るべきことや、投薬、治療の意味を納得する。医者、看護の人と信頼関係を築く。患者同志で情報交換し励まし合える。

と、担当医は説明してくれた。これこそが、インフォームド・コンセントというものだ。医者の詳しい説明を聞くことがインフォームド・コンセントだと誤解している人も、まだ少なくないようだ。正しくは、その説明を理解し、納得しなければいけない。医者と患者間で意見交換なんかできるともっといい。

そして、この病院では、薬の研究所や製造所へ患者とその家族で見学に行くそうだ。そうすることで、特に子供など、薬や注射を嫌がる患者さんはいなくなったそうだ。この一錠にたくさんの人の労力と時間が詰まっている。という感謝の念が生まれるのだろう。

しかし、こういった工夫も一朝一夕《いっちょういっせき》にはうまくいかなかったことだろう。いろいろな問題が生じたり、右往左往《うおうさおう》しながら今があることと思える。

そして、儒教《じゅきょう》の教えが小児病棟のボランティアに生きていた。

例えば、ある会社の有志、サラリーマンやOLが五人集まったとする。そして、その病院に登録する。すると病院側からA子ちゃん、B男君をよろしくお願いしますとなる。

何をするのか?

一緒に時間を共有するのだ。

外出許可がでるとハイキングに行くこともあるらしい。勉強を教えることもある。これも、ボランティアだ。

素晴らしい!　見習いたい!

私の甥《おい》が入院していた小児病院は、子供と遊ぶボランティアさんがいなくて困った。小児病棟となると、入院している子の兄弟姉妹も見舞いにくる。それが乳幼児となると、その子たちのケアも親は大変なのだ。実際、私たちは、幼い姪《めい》に淋しい思いをさせてしまった。大人はどうしても病気の子に神経がいきがちで、健康な子には目が届かなくなることもある。姪《めい》は精神的にストレスが溜《た》まり、体に異変を起こしたのだ。反省しきりである。

ちなみに、その病院の告知板に貼ってあったボランティア募集のお知らせにはこう書かれていた。

〝二十代の女性ボランティア求む〟

なぜ？　男性でもいいし、三〇歳以上でもいいんじゃないの？　へーンなの。

医《い》は仁術《じんじゅつ》という言葉を知っていますか？

一生のうち、一度も病院に行かない人はほとんどいない。患者になることも、見舞いに行くこともある。

私たちは、良い病院選びが大切と分かっていても、いざとなるとそれが難しいことも知っている。

見舞いに訪《おとず》れて、ムカつく病院はたんとある。私としては、喧嘩《けんか》をしてもいい！　と強気であるが、患者さんを人質にとられているようなものなので、グッと押さえる。

病気と闘うだけの医者がなんと多いことか。その病気を患《わずら》っているのは人間、それが病人である。

私は、現役の医療関係者、医学生、看護学生に講演を聞いてもらうこともある。一時間ほど、骨髄《こつずい》バンクの現状や、患者やその家族の本音、私の思いなどを話した後、質問タイムを設けることにしている。

ある医学生たちの質問を紹介しよう。

「僕が骨髄《こつずい》バンクに登録してドナーになったら、僕にはどんなメリットがあるのですか?」

「白血病になってしまったのに、どうしてそんなに生きていたいんですか?」

「東さん、患者の苦しみを女優としてお芝居で表現して下さい」一部の生徒爆笑。

私は必ずこう聞き返す。

「あなたは、なぜ医学の道に進もうと思ったのですか」

それに対して彼らの答えは、

「成績優秀で、先生にこの大学を勧められたからです」

「親が開業医だからです」

「ズバリ、金儲《もう》けです」

正直だねー、なんて呆《あき》れている場合ではない。

「医《い》は仁術《じんじゅつ》という言葉を知っていますか。もう一度、進路を考え直して、人間として生き直すことをお勧めします」

仁《じん》とは慈しみと思いやりのことだ。さて、医者の卵君たちに私のこの皮肉がどこまで通じているやら…脱力してしまう。

医者に限らず〝先生〟と呼ばれる職業には適性を判断する何かしらの検査がやっぱり必要でしょ。まあ、それも人間がするのだから…ああ、難儀《なんぎ》なことだらけ！

もちろん、医《い》は仁術《じんじゅつ》の心を持った医者は全国にたくさんおられる。ボランティア活動を通じて知り合ったそんなお医者さんたちを、私は心から尊敬し信頼している。そういう先生方は、医者＝《イコール》金持ちの図式にあてはまらないのよねぇー。どうも、偶然とは思えない。くどいようだが、〝医《い》は仁術《じんじゅつ》〟。医療の現場では、世界共通の精神であろう。

〝生〟と〝死〟について考えてみる

生きてるってとてもラッキーなこと

ディレクターのカワハラさんが、「あの時はどうなるかと思いました」と心配顔で言った。

マリアンナの自殺を考えたという告白を聞いた時のことだ。

「でも、ちづるさんはすぐに、生きているということが大切なのよって言ったでしょ。いやぁ、正直助かりました。僕だったら何て言えたか――」

番組の中では、私が掛けた言葉は時間の都合で放送されなかった。あのシーンが気になった方は多いようで、私がマリアンナにどうしたのか、何を言ったのか、たくさんの人に聞かれた。

「生きていることが大切」

これは、ある白血病の男の子が教えてくれたのだ。

ある日、若者の自殺のニュースをテレビで見て、その子はポツリと言ったそうである。
「捨てる命なら、僕にくれるといいのにね。この人さぁ、もしかしたらもうすぐ死ぬかもしれませんんよ、って言われたら必死で生きようとするよね」

とりたてて意識している訳ではないが、私には、事故にでも遭《あ》わない限り、とりあえずしばらくは生きているだろう、という自信がある。

これって、とてもラッキーなことなのだ、と知った。そして、「ならば、ちゃんと生きよう！」と自分に誓ったのだ。何をいまさらおバカなことを、とお思いでしょう。

が、それまで私は〝どんな人生を送りたいか〟〝どんな人間になりたいか〟ということとちゃんと向き合ったことがなかったように思う。

どんな仕事がしたいか、どんな家に住んで、何を着て、何を食べて、どこへ旅行したいか……、そんなことは何百回、何千回と頭を悩ましてきたのにだ。

ボーイフレンドができても、何をしてる人かと社会的地位や肩書き、容貌《ようぼう》ばかりを聞かれる。周囲は、彼がどんな人間かはあまり興味がないらしい。

私の甥《おい》や姪《めい》には今から聞いている。

「どんな人になりたいの？」

「サッカー選手！」

「絵を描く人」

「そうか。それは、お仕事でしょ。どんな人になりたいの？　っていうのはね、例えば、自分自身に強くて、他人には優しくて許せる人になりたいとか、そういうことよ」

「ふうん」なんて、今はまだ頼りないふたりだが、そのうち分かる日がくるだろう。

そして、「死ぬほど辛《つら》い」とか「死ぬほどイヤ」なんて言葉にも気を配るようになった。若い頃はよく「いっそ死んだほうがましよねー」なんて、お気楽、お気軽に使っていた。

きっとそれは、自分自身と〝死〟があまりにも掛け離れていたからだろう。

〝生き方〟を考えるように〝死に方〟も考える

大手航空会社に勤めていたK君は、一緒に食事をした時、にっこり笑って私と写真を撮った。焼き増しして送ろうとは思っていたが、トロイ私はグズグズしてしまった。K君は、写真を見ることもなく天国へ召された。

一九歳のT君に、私の絵をあげると約束をした。一〇日後、私の絵は遺影《いえい》に飾られることになった。

白血病などの血液病患者は、普段は普通に生活を送っているが、急性転化《きゅうせいてんか》という状態を起こすととても危険である。それは、いつやってくるかわからない。そして、誰の身にも起こる可能性はある。

私は、何人もの方の死と出会った。

〝死〟って何だろう。なぜ死ぬのだろう。さんざん考えても答えはない。ひとつ、はっきりしたことは、私も必ず死ぬ。明日かもしれない、来年かも、三〇年後かも、ということだ。

怖い、恐ろしいからと言って〝死〟から逃げることはできないのに、これまたちゃんと向き合ったことはなかったように思う。

私たちはオギャーと産声《うぶごえ》をあげた瞬間から、死に向かって生きる。その〝死に向かって〟も〝生きる〟も、両方大切なのだ。

〝生き方〟を考えるように〝死に方〟も考える必要があるようだ。「どう死ぬか」は、「どう生きたか」。限りがあると知っている人生は、品があるように思う。

〝死〟について家族と話し合う

「ねぇ、どんな風に死にたい？　死んだ後はどうして欲しい？」

だしぬけに両親に尋ねた。すると、「縁起でもないっ！」と叱られてしまった。突然過ぎたのだ。もっと上手《うま》く切り出せば良かった。

でも、いざその時になると逆に聞けそうにない気がするので、元気なうちに話し合っておきたいと、私は説得した。両親は、渋々応じてくれた。

「私は、もしガンなどの病気になったら絶対告知して欲しいの。末期だったらホスピスを希望するからね。もし、事故なんかで急に亡くなっても、死ぬ直前まで娘は幸せだったと思ってね。で、多少保険金も入ると思うから、有効に使って、幸せに元気に暮らしてね」

目一杯明るく言ったのが、逆効果だったのか、父チトシは黙り込み、母ヒデコはウルウルきている。

「大丈夫よ。順番から言えば、あなたたちからなんだから」

そこでまた叱られた。

「それでね、意識もないのに延命のための処置はして欲しくないの。あの、心臓バンバン！って電気ショックをして、二・三分寿命延ばしても嬉しくないから。あれって、ケッコウ高くてさ、請求書見てビックリするらしいよ！」

母ヒデコの大っきな目がギロリと私を睨《にら》む。

「で、お願いなんだけど、私が死んだら臓器提供に同意して下さい」

この話を切り出したのは、平成七年。母ヒデコの目が飛び出しそうになるのも無理はない。

悲しむ暇もなく、娘の死体にメスが入るのは耐えられない、それに、お通夜や告別式で空っぽの体を見るのはあまりに辛《つら》い、と、母が訴えたのでいったん臓器提供の件は取り下げることにした。

それから、家族の死について時間をかけて話し合った。妹ミカコも加わり、家族全員で、ひとつのテーマについてじっくり話し合いを持つのは、とても久しぶりのことだった。

〝死〟について話すと、それぞれの〝生〟へのこだわり方や〝生き方〟が見えるようでおもしろかった。全然暗い話にならなかったし、縁起でもない話にはならなかった。

母ヒデコは、お祭り騒ぎが大好きなので、告別式はできるだけハデに！　という希望だった。マスコミもね！　と指でＯＫサインを作った。こりゃ、長生きするね、と妹がツッコミを入れ、最終的には冗談連発で大笑いしたのである。

父の死

それから、二年後の平成九年一〇月八日、父チトシは六二歳で亡くなった。

私が両親を東京に呼んだのには、父チトシが体調を崩していたこともあった。

父は、上京してからも、入退院を繰り返しながら仕事を続けていた。そして、いくらドクターストップがかかっても、好きな日本酒はやめることができなかったのだ。「酒で死ぬなら本望《ほんもう》」なんて、ちょっと威張った感じで言っていた。きっと、本人はまだまだイケると高《たか》をくくっていたに違いない。

肝臓の調子がまた悪くなり入院していたが、もともと頑丈に生まれついたようで、医者からもそろそろ退院を仄《ほの》めかされていた。

父はいつものように、「今度こそお酒はやめる」と、おチャメに笑っていた。私たち家族は、それが一週間ともたないことを知っている。酒癖が悪い訳でもないので、禁酒に関しては諦《あきら》めていた。

ところが、容体が急変した。

窓を開けたまま昼寝をし、風邪をひいてしまったらしいのだ。父チトシは異常なほどの暑がりで、冬でも蒲団から足を出して寝る。そんな父が秋風に当たったくらいで！　と、私たちは、にわかには信じられなかった。

病院に向かうボーイフレンドの車中、私の心はザワザワと落ち着かなかった。彼は、「大丈夫だよ。おやっさんは風邪ぐらいでどうこうなんないよ。僕、春になったら海に行こうって約束してるし」と、何だかよくわからない励ましをしてくれた。

一台の赤いポルシェが私たちを追い抜いた。

「おっ、あれジェームス・ディーンが乗ってた車と同じだよ」

車には全く詳しくない私だが、ジェームス・ディーンが交通事故で亡くなったことぐらいは知っている。ヤダナ。何だか不吉《ふきつ》じゃないの！　と心の中で呟《つぶや》いた。

ベッドで横たわる父は、ハアハアと息苦しそうだった。それでも、揃った家族に、「皆忙しいのに。僕は大丈夫だから。もう帰りなさい、ありがと」と、弱々しく笑っていた。明らかに無理をしていた。

母ヒデコが、私が父チトシを初めてテーマにしたエッセイを読んであげた。月刊誌に連載していたのだが、よりによってその月だけ私のところへ配送されるのが遅れていた。いつも通り届いていれば父は自分で読めたのに！　と、腹立たしくなった。ウツラウツラしていた父の耳元に、どれだけ伝わったか。普段の親不孝の罰のように思えた。

意識があると思われたのは、次の日までだった。

一度、私がレギュラー出演していた番組「TVタックル」のテーマソングがテレビから流れた時、父は起き上がろうとした。

驚いた私たちは、父の体をさすりながらゆっくりと寝かせた。父は、私の仕事に関して意見したことも批評したこともないけれど、楽しみにしていたんだなぁ、なんてその時しみじみと分かった。

父が動いたのは、それが最後だった。あの時、起こしてあげればよかったのではないかと今でも思うことがある。

希望していた死の迎え方

それから五日間、寝たきりになり、私たちも泊まり込んだ。

その間、私たち三人は父のことで迷いに迷ったのだ。

先生が言うように、もう回復の見込みはない。意識があるのかないのか、聞こえているのかいないのかも判断できない。

しかし、私たちは父の耳元に顔を寄せ話しかけ続けた。

「チトシさんの言ってたとおりがいいよねぇ。痛いのは嫌よねぇ」

妻ヒデコは確認をとる。

夫、父チトシは、妻や娘に苦しい表情を見せながら息を引きとるのは嫌だ。会話もできないのに、一日二日と延命させられるのも勘弁して欲しいと言っていた。

病気になると大袈裟だが、痛みには我慢強い人だった。その父の眉間《みけん》には、ギュッとしわが寄っていた。痛がっている。

私たちは、先生に痛みから父を解放するようにお願いすることにした。

「痛みをとる薬を点滴するには肝臓に負担がかかるので……」

私たちは意味がわからなかった。

父は、肝不全で危篤《きとく》なのだ。父の肝臓の機能は0《ゼロ》だと説明を受けたばかりだ。負担がかかるもかからないも、もう関係ないのではないか。

「そうなんですが、医者としては治療を試みるのが……」

はぁ!?　あとは心臓が停止するだけですと説明しときながら、何言ってんですか!?　と言いたいのをぐっと飲み込んだ。

ここは、ホスピスではない。人の命を救うための治療を施《ほどこ》す病院なのだ。しかし、もう死を宣告された家族はどうしたらいいのか⁉　私の頭は大混乱だ。

私たちは、父が希望していた死の迎え方を先生に話した。そして先生は延命措置《そち》はしないことは約束してくれた。しかし、痛みをとるための薬は、ともすれば死を早めることになるかも……と、考え込んでしまった。

「最後まで自分らしく尊厳を持って生きていたいという父のプライドなんです。眉間《みけん》のしわをとってやって下さい」

食い下がる私たちに、先生は脂汗だ。そして私たちと看護婦さんを集中治療室から出した。

先生と交代に病室に入ると、痛みを柔らげるための点滴が設置されていた。

それから、先生は父への対処の仕方の全てを相談してくれるようになった。

「呼吸を楽にするためのパイプを鼻から入れますか？」

「父は、楽になるんですか？」

「ただ、パイプを通す時、傷をつけると出血しますので……」

どうしよう…と私たちは思案する。

「あのう、もし先生のお父様にだったらどうなさいますか？」

「えっ!? あぁ……しないと思います」

じゃあ、やめときます。ということになった。

意識が失くなって四日目。

私たちは父の体をさすったり、家族にしか分からない懐しい話を父に話しかけたりした。

看護婦さんが、「頑張って! 頑張るのよ!」と父の耳元で力強く言った。気持ちはありがたいが、私たちにすれば父チトシはもう充分頑張ったので、そっとしてあげたかった。

「もう、あまり頑張れ! とは…」と看護婦さんにお願いすると「冷たいんですね! お父さんに生きてて欲しくないんですか」と怒り、病室のドアを大きな音をたてて締め、出て行った。

私たちはもちろん父に生きていて欲しい! 意識がなくても、どんな状態でもいい、生きてて欲しいと思うし、延命措置《そち》もしたい! 幾度となく心が揺れた。

でも、正直なところ、私たちの疲労もピークだった。ほとんど寝ていない。このままの状態が何カ月も続くのだろうか……、と考えてしまう自分と葛藤《かっとう》した。

父の死でわかったこと

そんな家族の気持ちを察してか、強く鼓動を打っていた父の心臓は停止した。

私は仕事中だった。母と妹の話によると、フゥーと深呼吸をして微笑むように息を引きとったらしい。眠るように安らかにという言葉がぴったりだったようだ。

父が希望していた通り、私はマスコミには知らせず近親者だけで通夜、告別式を済《す》ませた。

お骨《こつ》をお棺《かん》から骨壺《こつつぼ》に移す時、母が、

「骨だけになっちゃったね。皆、灰になるんだったら、チトシさんの心臓強かったから誰かにもらってもらったらよかったたぁー……」

と、また泣いた。

そして、私の死後の臓器提供を母は了承し、母自身も自分のドナーカードに〇印《マル》を入れた。

四十九日が過ぎ、父が入院していた病院にご挨拶に行った。

「あれから、いろいろ考えました。病院として考えを改めるところも多いようです。勉強になりました。ありがとうございました」

先生、看護婦さんに勢揃いで頭を下げられ、私たちは恐縮した。

父チトシの死がこんなに早いとは思わなかったが、家族の話し合いを持っておいて本当に良かった。父の希望を聞いていなければ、私たちはオロオロとうろたえ、医者にすがりついて「お願いします！」と何でもかんでも処置をしてもらったことだろう。心臓停止時には病室から出され、「どうぞ」と父の側に駆《か》け寄った時には臨終《りんじゅう》になっていたかもしれない。

そして、あれでよかったのだろうか、もっと最善の方法があったのでは、と自責の念にかられたに違いない。

〝死〟と〝死後〟について話し合っていた私たち家族でさえ、父の夢を見る日が続き、涙にくれるのだから。

父の死から一カ月が過ぎた頃、私は、人が死ぬということが少し分かったような気がした。

死は、その人をより鮮明にし、存在を大きくする。生きていた時には気付かなかったその人の優しさや悲しみに触れることができるようになるようだ。

存在のない父チトシに私はよく話し掛ける。生きているうちにどうしてもっと会話をしなかったのだろうかという後悔は一生ついて回るだろう。その分、母ヒデコと過ごす時間、会話は増えた。

再び会えますように

絶対生きていて！

帰国の前夜、寝付きが悪く浅い眠りの中で、朝方たくさんの夢を見た。

夢の中で、マリアンナと私は美しい丘の上でペラペラと話し、笑い合っていた。あれは何語だったのだろうか。

帰国の日、私たちはランチタイムの子供たちにチョコレートケーキのデザートをプレゼントした。喜ぶ子供たちの顔を見ながら、私はお別れの挨拶をすることができた。

マリアンナは憮然《ぶぜん》とし、チョコレートケーキには手をつけなかった。

私たちは、マリアンナのために小さなアルバムを作った。一緒に撮った写真や、私たちひとりずつの写真とそれぞれの思いを手紙にして添えた。

マリアンナは、私に、カワハラさんに、コマツさんに、ホンマちゃんに、チキちゃんに、マリオンに、ひとりずつ抱きついて声をあげて泣いた。

ウォーン、ウォーンと。

私は、今まであんな悲しい泣き声は聞いたことがなかった。私も声をあげて泣いた。大人になってあんな泣き方をしたのは初めてだった。

「せっかく友達になれたのに。あなたたちは行く、そして私は残る」

「マリアンナだって、もうすぐ帰れるよ。ママに会えるよ」

「私の帰るところは戦場なの！　私は生きられるかどうかわからない！」

カワハラさんの小さく呟《つぶや》く声がした。「そんなこと言うなよ……」と。

「マリアンナ、地雷《じらい》が埋まってるところへは入っちゃだめよ。もう絶対撃たれないで。私たちは遠く離れていても友達だから。生きていれば会えるチャンスはあるから！　絶対生きていて！」

こんな幼い子に、生きていて！　というお願いをしなければいけないないなんて、どうかしてる！　地球は一度解散して、シャッフルして、やりなおすべきだ。

パルーシャも車イスでお別れを言いに側《そば》に来てくれた。

「あなたたちがいなくなるのは淋しいわ。いろいろありがとう」

消え入りそうな声だけど、はっきりとした言葉だ。「笑って」と声を掛けるとはにかんだように微笑んだ。

グルジアの少女シーラ

そしてもうひとり、辛《つら》いさようならをした。

シーラ、一一歳、グルジアの少女である。

シーラは大人しいけれどしっかり者で、赤ん坊や乳児たちの面倒をよくみていた。そのご褒美《ほうび》に町に一緒に買い物に出かけた。お目当ては一歳になる赤ん坊が履《は》くファーストシューズだ。その赤ん坊はシーラ以外の人に抱かれるとグズる。シーラはそれを知っていて、赤ん坊を私に預ける。赤ん坊は泣き出す。「ヤレヤレ、仕方ないわね」といった表情でシーラは私から赤ん坊を受けとるのだ。

それを何度も繰り返すシーラが可愛いくもあり、そうすることで自分の存在価値を確認しているんだなと思うと胸が痛んだ。

シーラもまた、才能に溢《あふ》れている子だった。簡単な会話ならドイツ語、英語、ポルトガル語、フランス語とできるのだ。平和村の子供たちやボランティアさんから学んでいるらしい。

時々、私の顔を見上げ甘えるように、手を絡《から》めてきた。抱き締めると、クックッと肩を上げて笑った。

いよいよ、ロケバスに乗り込もうとした時、声を殺して静かに泣いていたシーラが私に何か言った。ドイツ語だった。「シーラ、英語で言って」とお願いすると、

「家に帰りたい。私も家族に会いたいの」と言った。

シーラは、まだ手術を三回ほど受けなければならない。後、半年以上は母国に帰れないだろう。

マリアンナ、パルーシャ、シーラ、平和村の子供たち皆とお別れをした。

一回目と同じように、このまま帰ってはいけないような何ともし難い気持ちで手を振った。

マリアンナは、いつまでも、いつまでも手を大きく振っていた。

私は、「生きていて！　生きていて！」心の中で叫び続けた。

収録中に知ったシーラの言葉

スタジオ収録の日、カワハラさんが「シーラがあの時ちづるさんに何か言ってたの知っ

てました？」と聞いてきた。

実は、それがずっと気になっていたのだ。シーラがポツリと言ったドイツ語。私の目を見つめ、まるで懇願《こんがん》するようでもあった。

私は、本番中にそれを知ることになった。

私は、スタジオではそれなりに緊張し気持ちをしっかり持っているつもりだった。が、シーラの言葉の訳《やく》を知り意味が分かった途端、我を失って泣き崩れてしまった。

シーラはこう言ったのだ。

「…私は、あなたになりたい……」

……！　あんな幼い少女が自分の存在を否定するようなことを訴えていたなんて！　私はそれに対してあの時何も言えなかった。彼女もまた、生まれてきて良かったと思えないでいるのだろうか。

「あなたはあなただから素晴らしいのよ。シーラはシーラだから、私たちは大好きなのよ」と、伝えたかった。シーラはとても頑張り屋さんでいい子なのよと、もう一度、抱き締めたかった。あの時のシーラの目もまた、私は一生忘れないだろう。

あの子たちはどうしているだろうか？

リハビリは進んでいるだろうか？

ママには会えただろうか？

タクシーに乗った時、お風呂に入っている時、眠りにつく時、あの子たちを思い出さない日はない。

どうか、生きていますように。

幸せと思える時がありますように。

そして、いつか再び、会えますように。

第4章

ボランティアをやりたいと思っているあなたへ

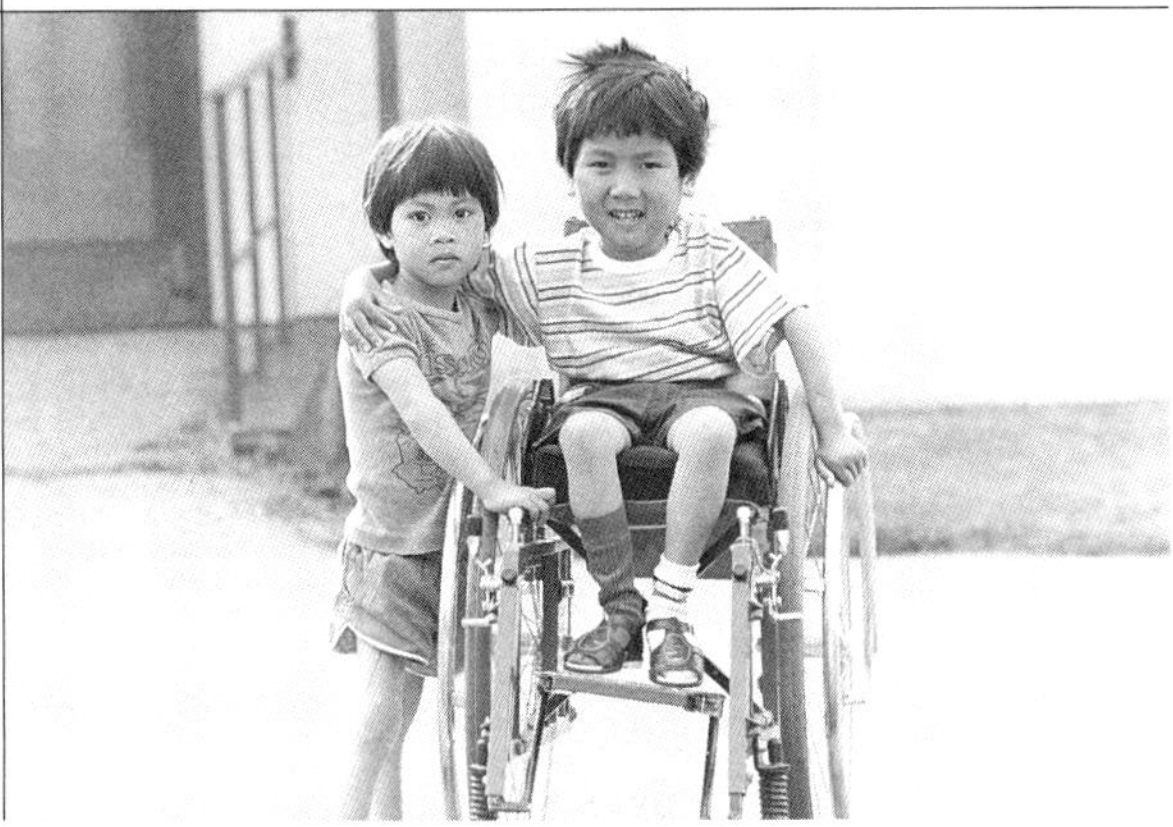

何ができるか考えて、楽しもう

できることをする

ボランティアは、溺《おぼ》れている人を助けるようなものである。

これは私の持論《じろん》だ。なんだその喩《たと》え!? ひねりがないねぇー! と思われるでしょうが、なかなかどうして、深い意味があるのだ。

なんせ、身を持って悟《さと》ったのだから。

あれは七年前。

私たちは女友達四人でバリ島旅行に出かけた。コテージに着いた日の夜、旅の楽しさから、高いテンションのままプールに飛び込んだ。年甲斐《としがい》もなくキャッキャッと水と戯《たわむ》れていると、「アヴァヴァ……」と変な音が聞こえたのだ。カエルを踏み潰したような声だった。

あたりを見回したが不審《ふしん》な人も動物もいない。気のせいかと思い気を取り直すと、再び、

「アヴァヴァ……タスケッ！　ゴボゴボ……」

「えっ⁉」

もしや⁉　とプールに目をやると、水中で何やら黒いものが蠢《うごめ》いている！　友人のひとりがいつのまにやら溺《おぼ》れているではないか⁉

私は友人に向かってすごい勢いで泳いで行った。私は泳ぎにはちょっと自信がある。

ところが！　溺《おぼ》れるものは藁《わら》をも掴《つか》む。まさに溺《おぼ》れる友人は私に抱きついてきたのだ。無我夢中なのですごい怪力だ。思わず水をガボガボと飲みパニックに落ち入ってしまった私は、その友人を突き飛ばし、蹴《け》り離す！　彼女は引っ掻くように私にしがみついてくる。もがき苦しみ、くんずほぐれつもつれるふたり！

この修羅場《しゅらば》、きっと数十秒だったのだろうが、とても長い時間に感じた。

結局、コテージの係員に助けられたのだがあまり覚えていない。真青《まっさお》な顔でゲボゲボと水を吐《は》く私たち。叱られてシュンとなった悪ガキのようだ。南国の島でいつまでもガタガタと震えていた。

死ぬところだったかもしれない。これが海や川ならふたりともお陀仏《だぶつ》だった。

友人にしてみれば、あぁ助かった、命の恩人！　と思いきや、ひどい仕打ちを受けたのだ。溺《おぼ》れたことよりも、私に突き飛ばされ、蹴《け》られたことがショックだったらしい。今では笑い話になっているが、あの時の恐怖は忘れられないだろう。

私にしてみれば、とっさの判断と正義感と誠意で救助するつもりだった。しかし、冷静に考えてみれば確かなレスキュー知識もなければ経験もなかったのだ。何というお粗末《そまつ》。

そもそも私は、石橋を叩いて渡るどころか石橋があるのも気付かず突っ走ってしまうところがある。

あの時、私にできたことは、大声を出して助けを呼ぶ、浮き輪など掴《つか》まるものを投げる、プールサイドから棒や手を差しだす……といろいろ方法はあった。

教訓《きょうくん》！

できることをする。無理は禁物《きんもつ》！

ひとりよがりの誠意や正義は傍《はた》迷惑である。

ボランティアも全く同じである。

例えば、骨髄《こつずい》バンクへの登録。現実を知り、熱い思いで登録をする。しかし、いざドナーになるという段階で家族に反対され尻込《しりご》みをする人も少なくない。その場合の患者のショックはメガトン級だ。病人から生きる気力をも奪いかねない。とても危険なことなのだ。

そして今回、「ウルルン滞在記」の放送後、平和村で活動したいというお手紙、Eメール、お電話をたくさんいただいた。大変ありがたいことだ。

しかし、そのボランティア・スピリットを心に持ちながら冷静に考えて欲しい。

平和村での活動は、健康で子供好きであればできることはいろいろある。寝泊まりも寄宿舎があるので心配ない。ただし、四人以上で一部屋、二段ベッド、バスタブは無くシャワーのみ。ここまではOKかな？

さぁ、一番の問題点は言葉である。ドイツ語もしくは英語ができなければお話にならない。私にはマリオンという心強い通訳さんがいたが、もしいなかったらてんやわんやだっただろう。

とにかく行けば何とかなるといった海外ボランティアもある。それは、指導者やリーダーがいる場合である。徐々に語学もついてくるようになるケースもある。しかし、平和村に関しては、即戦力が、求められている。体験感覚では、受け入れる側も戸惑うことになる。

平和村へも、日本のボランティア志願者から直接連絡があったらしいが、今のところひとりも受け入れていないそうである。まだ、語学に堪能《たんのう》な志願者と出会えていないのだろう。

見回せばたくさんある

しかし、現地ドイツに出向かなくてもできることはたくさんあるぞ。

まずは募金。金額は問わない。コーヒー二杯分でもいいし、月刊誌一冊分でもいい。小銭も積もれば大金となるのだ。負担にならない金額を毎月自動引き落しなんて最高だ。

地雷《じらい》撤去や撲滅《ぼくめつ》の活動もある。例えば、『地雷《じらい》ではなく花を下さい』（自由国民社）という本を一冊買うとその募金で一〇㎡の地雷《じらい》撤去作業が可能になる。

どこの国が地雷《じらい》を作り、売っているかを知ることから始めてもいいだろう。

戦争で教育がままならない国に学校を建てる活動団体もある。

他にも、難民を対象にしたもの、医療関係など、何らかの形で平和村に協力できるボランティア団体はたくさんある。

ドイツの国際平和村に限らず、とにかく海外でボランティア活動をしたいという人も多いようだ。

それだって、日本人を受け入れてくれる国際ボランティア団体はたくさんある。民間はもちろんのこと、日本政府の事業として、つまり、私たちの税金で活動している団体だってあるのだ。

例えば、JICA（国際協力事業団）の青年海外協力隊、そして四〇歳以上の人なら、JICAのシニア海外ボランティア事業も年二回派遣員を募集している。これらは、現地生活費が支給される。

この本の巻末に、私のかかわっているボランティア団体の資料を載せてあるので御覧いただきたい。また本屋に行けば、『国際ボランティアガイド』（ジャパンタイムズ）なる本もある。

海外ならではの苦労や魅力は日本では経験し難《がた》いものがある。「やってみたい」となったら、参加目的や、作業内容、国、期間、そして費用など自分に合った団体を見つけ、躊《ちゅう》躇《ちょ》せずチャレンジしてみてはいかがだろうか。

やっぱり語学が心配、国内で余暇《よか》を利用して活動したい。そんな人にも、数えきれないほどの団体が手招きしている。

私の場合は骨髄《こつずい》バンクとあしながが育英会での活動が主流である。

骨髄《こつずい》バンクでは、登録、募金活動はもちろんのこと、さらに活動しやすいのは、骨髄《こつずい》移植推進団体に登録する〝登録ボランティア〟さんになることだ。ポスターやパンフレットの配布、骨髄《こつずい》移植推進財団事務所での電話応対など、できることを割り当てられる。また、地域で講演会の企画、病院へ患者さんのお見舞いなど、発想しだいで幅は無限に広がる。

あしなが育英会では、やはり資金援助だ。毎月、五〇〇〇円以上からの自動引き落としで〝あしながさん〟になれる。あしながさんになると、あしなが新聞が送付され、時折子供たちからハガキが送られてくる。このハガキは私の大事な宝物になっている。

さあ、あなたの場合は何から始めますか？

例えば、サッカーが得意な人は、地元のサッカーチームのコーチを名乗り出るのはどうだろう。得意な分野で即自分を生かせるし、地域に貢献できるし、人間付き合いも広がり、もちろん本人も楽しいだろう。

「おまえがサッカー好きだからだろう？　そんなのボランティアとは言わないよ」

なんて会社の上司に言われても、ボランティアというものをちゃんと説明し、堂々とボランティア休暇を取ろう！

そして、会社全体にボランティア休暇を取る雰囲気をつくっていこう！

なんて言っても、会社にボランティア休暇そのものがなければお話にならないけどね。

継続のコツは〝楽しむ〟こと

とにかくあまり難しく構えないで、自分は何がしたいのか、何ができるのか自問自答してみよう。前にも述べたが、ボランティアとは、名詞では〝志願者〟、動詞では〝自発的に進んでする〟という意味。例えば幼稚園で遊んでる幼児にお片付けを促《うなが》す時、先生は「Any《エニィ》 Volunteer?《ボランティア》」と言う。「誰かやってちょうだい？」くらいのことだ。ただし、利益目的ではなく、地球のため、社会のため、人々のためという公共的な目的が必要である。

そして、せっかく始めたならばなるべく続けたいものだ。

継続のコツは、〝楽しむ〟ことである。

活動そのものを楽しむことはもちろん！　プラス、私の場合、全国各地ボランティア講演をする際、その地方のボランティア仲間とおいしいものに舌鼓《したつづみ》を打ちつつおしゃべりをするのも楽しみにしている。活動するべきことはきちんと活動をする。それ以外の余った時間はどう使うか自由である。ショッピングもよし、ゴルフもよし、ドライヴするもよし。有効に楽しもう。

でも、そう言うと「なーんだ、結局のところ楽しんでんじゃない」と非難されることがある。「そう！　楽しんでます！」と堂々と答えることにしているが、眉をひそめる人も多いようだ。

まだまだ日本では、〝楽しむ〟ことは不謹慎《ふきんしん》なこと、自己犠牲《じこぎせい》を払ってでも奉仕するという考えがあるようだ。

しかし、せっかく成果が得られた活動でも犠牲感《ぎせいかん》があっては、プラスマイナス0《ゼロ》になってしまう。0《ゼロ》では虚《むな》しいではないか。社会的貢献もできて楽しい活動！　最高だね。

自分らしくやるしかない

さあ、これで、やってみたい！　という気持ちはますます脹《ふく》らんできただろうか？

ここで水をさすようだが、老婆心《ろうばしん》ながらひと言。

「なぜ、ボランティアしたいか？」

社会や人々の役に立ちたい、貢献したい。それは、ごもっとも。

ひょっとして、その気持ちの中に、〝感謝されたい〟〝自分を向上し成長させたい〟という気持ちも見え隠れしてはいないだろうか。そんな結果を求めると、こんなはずじゃなかったと思うような事態に遭遇《そうぐう》するかもしれない。

骨髄《こつずい》バンクの場合だって、やってもやっても亡くなる患者さんはいる。平和村だって同じだ。ほとんどが美しい話にはならない。もしかしたら、否定されるかもしれない。「あなたのやったことは違う」と。感謝されるかもしれないし感謝されないかもしれない。自分自身も成長しないかもしれない。

認められなくてもいい、誉《ほ》められなくてもいい、「やりたい」その素直な思いが大切なのだ。無欲で、感謝の言葉や自分への見返りを望まないからこそ、そんな言葉に出会ったり自分への発見があった時、感動するのだ。溺《おぼ》れている人を見て、「感謝されるぞ」と期待しながら助ける人はいないもんね。

そして、もうひとつ。

ボランティアをするんだからと、〝いい人〟を求めないほうがいい。優しく美しい気持ちを持ちつつ、邪悪なよこしまな気持ちもある。それが人間というものだろう。だから、ボランティア活動中でも、ムカつくこと、理不尽《りふじん》なこと、情けないことはいくらでも起こる。普通に暮らしている集団のひとりとして、自分は自分らしくやるしかない。

それでは肩の力を抜いて、腋《わき》を締めて、一歩を踏み出してみよう。

ボランティアで知ったこと

想像力って大切！

ボランティアを始めてからの私は、それ以前の私と大きく変わった。ダイエットモニターの使用前、使用後のように見た目に分からないのが残念だ。

ボランティア活動を通じて、学んだことはこの本でもたくさん述べてきたし、細かいことまで挙げると上・下巻になりそうだ。そこで最後に三つ、「分かってよかったー」と私が感じているものを書いてみる。

ひとつは、人生と言うと大袈裟《おおげさ》だが、日々の生活での幅が広がったことだ。

例えば、新聞や週刊誌の読み方や、ニュース、情報番組などの見方も変わった。それまでは、それぞれの情報として自分のアンテナでキャッチし、知ることで満足していた。

しかし、今は、一般論としての正解や他人の考えを知った上で、あくまで自分の考えはどうなのかを考えるようになった。そして、何故《なぜ》そう考えるのかを考えてみる。すると、自分の価値観や人格、つまり自分という個性を客観的に見つめることができるのだ。でも、考えれば考えるほど分からなくなるし落ち込んだりする。そして、こういう人格になった環境や教育、ルーツを探り始めると、どんどん深みに入ってしまうこともあるんだよね。

でも、それは悪いことではないと思う。日々の中で自分を見つめるチャンスって、ひとり旅に出るぐらいの時にしかないのだから。

そして、自分の考えを持つと、問題意識も生まれてくる。身近なことから、ワールドワイドのことまで。広範囲の興味も沸いてくるのだ。

私の場合は、骨髄《こつずい》バンクの活動によってまずは、厚生省や医療に問題意識を持つようになった。それから、教育や地域社会や人権、地球環境など……。おもしろいように広がっていくのだ。そして自然の流れで、あしなが育英会やドイツ平和村などの活動につながっていった。上がりのないすごろくのようなものだから、これからもどんどんつながっていくだろう。どんなボランティアを始めても、必ず他の問題まで見えてくる。放ってはおけなくてついかかわる。したがって、ボランティアをしているほとんどの人が、並行していくつかの活動に参加していくようだ。

「ああ、あの時の！　ここでもお会いしましたね！」

なんて挨拶することもよくある。こんな風に横のパイプがどんどん広がって全国に仲間がどんどん増えていく。それは、絶えず社会とつながっているということでもあるのだ。そして、その問題を解決しようというのがボランティア活動なので、必然と想像力と創造力の両方が求められるようになる。

募金活動ひとつをとっても、どうすれば一円でも多く寄付を集めることができるか、どう表現すれば理解を得られるか、と想像力をたくましくし、活動を創造していくのだ。ボランティアにマニュアルはないのだから。

想像力って、とても大切だと思う。これが乏しいと、ボランティアだけではなく恋愛も仕事もウマくいかないもんね。知らず知らずのうちに人を傷つけている人は、想像力に欠けてるなぁーと思う。

それに、ボランティアには応用力も必要である。いろんな価値観を持った人たちの融合《ゆうごう》の場なので予期せぬ事態も起こるのだ。

そう考えると、本来人間が持っているいろんな能力を惜《お》しみなく出し合う場と言える。そりゃあ、人としての幅も広がってくるというもんだ。自分で限界を作っていると続かないし。

続けているうちに、以前より積極的な生き方をしている自分に気付く。そして、それだけ感動も増えるというオマケ付きである。

ボランティアの場を見つけて仕事も前向きに

ふたつめに学んだことは、仕事に対する意識である。

私は、会社員時代と芸能界で通算一八年間仕事をしている。

私にとって仕事は、もちろん生活の糧《かて》である。と、同時に自己存在証明の場、自己開発の場でもあると思う。仕事は嫌いではない。どちらかというと好きで、喜びを感じる瞬間も多い。しかし、辞めてしまいたいと思う瞬間もある。仕事で生じるストレスはすさまじいものがある。胃ケイレンも十二指腸潰瘍《じゅうにしちょうかいよう》もやった。ホトホトまいった。

でも、今はそのストレスともなんとか上手《うま》く付き合っていけるようになった。

それは、新しい居場所、すなわちボランティアの場を見つけたからだ。

ボランティアの場では、皆同じ目的を持っている。強制されている訳でもなく、金銭も絡《から》まないので、言うならば〝いつでもやめられる〟のだ。自由だ。となると、人間不思議なもので、自《おの》ずと責任感が湧《わ》いてくる。

自由はイイ。自己責任において理不尽《りふじん》なことに対して、怒って文句を言うこともできる。活動や組織のあり方を改善するためには、話し合って仲間を募り闘《つの》うこともできる。

要するに、ボランティア活動では我慢したり、耐えたり、泣き寝入りしなくていいのだ。企業や会社のように、話の分からない上司はいないし、派閥《はばつ》に所属しなくてもいい。減俸《げんぽう》もなければ昇給《しょうきゅう》も出世もない。

仕事の場では、そうはいかない。イヤ、そうはいかないから、利潤《りじゅん》の追求ができるのだ。個人の尊重より、組織としての在り方、ルールを重視しなければならない時もある。

それが仕事だ!

私は、我慢しなくていい世界を知ることで、我慢が必要な世界の意味を理解できるようになった。とても気持ちが楽になった。

決して諦《あきら》めた訳ではなく、いい割り切りができるようになったのだ。そのお陰で、仕事に対してより前向きになった。無駄な焦《あせ》りや、仕事上の人間関係の窮屈《きゅうくつ》な感じも薄らいだようだ。

とは言え、そりゃあイライラしたり、メソメソすることもある。まあ、それが仕事だ。でも、もう胃がキリキリすることはない。ちょっとだけ、余裕もできた。

白血病の青年に教えられた〝対等〟の関係

三つめは、人は皆〝対等〟であると知ったことだ。

そんなこと子供でも知っている。憲法でも守られているし。と、思うでしょ!? 確かに、小学生の時、道徳の時間でもそんな風なことを教わった。でも、それを念頭に置いて生活しているかと言うと、これがなかなか〝?〟なのだ。

私は、その辺を鈍感に過ごしたせいで、ある日取り返しのつかないことをしてしまった。

白血病と戦いつつ、骨髄《こつずい》バンクのボランティア活動をしている患者さんは多い。その中でも、Mちゃんはかなり積極的に活動をしていた。

スキンヘッドを隠すこともせず、薬の副作用でムーンフェイスになった顔色も決してよくはなかったが、体調が悪い時は車イスで人前に出た。そんな姿は、マスコミにもよく取り上げられていた。辛《つら》くても、いつも愛らしい笑顔を振り撒《ま》いていた。

私たちは、こんなに頑張っているんだから彼女は大丈夫。きっと、生き続けられる、と勝手に信じていた。しかし、その願いも虚《むな》しく、Mちゃんは、二三歳という若さで天国へ召された。

その頃、一緒に頑張ろうねと励まし合っていた患者さんたちがたて続けに亡くなり、私はひどく落ち込んでいた。元白血病患者だったオオタニも相当ガックリきていた。

Mちゃんの告別式の日、オオタニがボソッと漏《も》らした。

「同じ病気やのに、何で明暗《めいあん》分けんねんやろう……」

私も、ほんとにねぇ……と、ため息をついた。

その時、

「生きていくあなたたちが明《めい》で、死ぬであろう僕らが暗《あん》ですか!?」

と誰かが言ったのだ。声のするほうに目をやると、膝を抱えた青年がギロリとこちらを睨《にら》んでいた。その迫力に私たちは怯《ひる》んだ。

「いや、そういう意味じゃなくて……。Mちゃんにも生きていて欲しくて……」

オオタニもそう言うのが精一杯だった。シーンと静まり返ったその場にはとても居られず、ご免なさいと言うのがやっとで、何をどう言えば誤解を解くことができるのか分からないまま、その場を去った。

私は、私の中に潜《ひそ》む嫌な、汚い部分を思い知り、消えてしまいたい思いだった。あれは明らかに驕《おご》った者の発言だった。あの時、私たちと患者さんたち、つまり、ボランティアする側と受ける側は対等という意識が欠落していたのだ。

オオタニにしてみれば、自分だけ助かって他の患者さんに申し訳ないという気持ちがいつもどこかにあるから、つい〝明暗《めいあん》〟という表現になってしまった。でも、それぞれの生き死にをそんな言い表し方をするのは間違っていたのだ。

私たちは深く反省した。

些細《ささい》なひと言、一行の文章が人を傷つける怖さを知った。

悪気がなかったでは許されない。子供ではないのだから、悪気がなかったからこそ残酷なのだ。私たちの真意がどうであれ、あの青年を傷つけたのは事実だ。傷ついたのは青年だけではない。あの場にいた患者さん、ご家族、関係者の皆さんだ。

私たちはその青年が東大の学生で、医療のこと、ボランティアのことに対して「ヘンだ！」と感ずることや、患者であっても、クオリティ オブ ライフの向上を求めていいのだ、とちゃんと声にしている人だということを知った。私たちは、是非彼に会いたいと思った。そして、きちんと謝りたかった。

しかし、その青年のことを知った時には、彼もまた、帰らぬ人となっていた。無念だ。

彼に教えられた〝対等〟という、人間同志の関係、絆《きずな》、あり方を考えてみた。

人は皆、違う。

育ちも、容姿も、才能も、チャンスも、先天的にも後天的にも千差万別《せんさばんべつ》だ。誤解を恐れず言うなら〝平等〟という言葉は、その意味をしっかり把握《はあく》していないと、納得できないように感じる。どうも、立て前的な匂いがするのだ。大胆に言ってしまえば〝人は皆、平等〟とは言い難《がた》い。しかし、平等ではないが、〝人は皆、対等〟なのだ。

対等とは、国籍、宗教、性別、職業、肩書き、収入、年齢、ハンディキャップなどとは無関係に、人として同格であるということだ。

ただし、〝立場〟は考慮しなければならない。上司や目上の人は敬《うやま》い、敬語を使うというのはマナーである。

まず診察室のイスから変えてみよう

しかし、立場を認め合いつつ〝対等〟な意識で接するって、難しいんだよね、これが。

私が一番そう感じるのは、医者と患者だ。

私は、医療はサービス業種であると思っている。すなわち、奉仕の精神だ。

つまり、専門知識を備えた、人へのケア、気遣《づか》い、配慮、優しさを持った人が医療者であると思う。

と、私たち患者側がそう理解していれば、医者と対等でいられるはずだ。

ところが、私たちは、医者の声は天の声のように受け取りがちだ。医者のひと言が致命《ちめい》的《てき》にもなるし、救いにもなる。

そんな現状では、インフォームド・コンセントはもとより、セカンド・オピニオンの実施なんて夢のまた夢である。

前項でも書いたが、インフォームド・コンセントとは、患者に副作用や効果の説明をきちんと行い、患者が納得して治療方針を決めていくことである。

そうすることで、患者は医者と苦しみを分かち合い、一緒に向き合っていけるだろうし、信頼関係も結ばれる。決して、医者が責任逃れのために「告知」をするのではない。

しかし、患者側が治療方針を自己決定するのは当然判断に迷う。

そこで、セカンド・オピニオンが必要になるのだ。

セカンド・オピニオンとは、主治医の診断や治療方針に対する他の医者の意見、という意味である。つまり、患者が自己決定するために、必要であれば第三者の意見を聞くことができる。そうして、そのために、主治医にカルテなどのデータ、紹介状などを求めることができるというものなのだ。情報公開の精神も求められる。

実は、私はセカンド・オピニオンを求めたことがあるのだ。

私の右膝の靱帯《じんたい》は裂傷している。スノーボードでやってしまったのだ。主治医は、「すぐに手術を」と、きちんとインフォームドして下さり、私は自分のケガを理解できた。しかし、コンセント、つまり同意まではできなかった。リハビリを考えると弱気になってしまったのだ。メスが入るのもビビる。そこで、主治医にセカンド・オピニオンを求めた。正直、遠慮もあるし、お世話になっているのに義理を欠くようで悪いなぁーという引け目があった。でも、結果的にはセカンド・オピニオンを求めて良かった。もうひとりの医師は、「筋肉を増強すれば、今すぐ手術をしなくても大丈夫」とのことだった。その後主治医とも信頼関係は続き、ジムで筋トレした右膝を診てもらっている。

私の場合はたまたま上手《うま》くいったが、もし、それで主治医が嫌な顔をしたり、腹を立てるようなら診療を断ったほうが身のためかもしれない、日本では、まだ浸透していないが、自分の体を知り、守るのは自分であると考えれば、セカンド・オピニオンをする勇気も必要であろう。医者を選ぶのも寿命のうち、病気によっては、時間との戦いということもある。

医学は日進月歩である。しかし、それは医療機械や技術の進歩であって、医療側も患者側も意識がそれに追いついてないように思う。先進国《せんしんこく》で暮らすのも大変だ。

医療者と患者が対等な意識を持つためには、まず、形から入るというのはどうだろう。スポーツや趣味を始める時も、道具やウエアーを揃えたりするとだんだんその気になってくるというものだ。

例えば、診察室のあのイスを何とかして欲しい。

医者は、両肘掛け付きのクルンと三六〇度回転する立派なイス。私たち患者は、パイプイスかスツールにちょこんと座る。医者と向き合うと視線も上目使いになり、気付くと猫背だったりする。これでは、暗黙《あんもく》の上下関係ができてしまう。

もし、あなた自身が医療者、もしくは友人、知人に医療関係の仕事をしている方がいたら、患者も同じイスに座ることを提案してみて欲しいと思う。

お互いを認め合って一緒に歩こう

そして、対等な意識がなかなか保ちにくいんだなぁと気になるのは、多数派と少数派の関係だ。少数派に対して、〝社会的弱者〟という表現を使うことがあるようだが、私はあまり好きではない。

子供たちのイジメもそれに当てはまる。

子供たちは、「コイツ、どうも僕らとは違うぞ」と思う子をイジメてしまう。いろんな人がいるけれど、同じ命（対等）という教えが行き届いていないのかもしれない。

大人の世界にも同じようなことがある。

白血病などの患者さんや元患者さんは、いわれのない偏見《へんけん》、差別を受けている。最初、私は信じられなかった。

例えば、結婚が破談《はだん》になったり、会社で左遷《させん》されたり、就職できなかったり、アルバイトさえ難しいという。ちょっとぉ!? 了見《りょうけん》が狭いねぇー！　と、言ってやりたくなる。

そして、障害を持っている人と持っていない人との対等関係も難しいようだ。

多数派である障害を持っていない人を〝普通の人〟と言う人もいるが、あれも好きではない。


一度、こんなお手紙をいただいたことがある。

「ちづるさんは、乙武洋匡《おとたけひろただ》さんの『五体不満足《ごたいふまんぞく》』は読まれましたか？　乙武《おとたけ》さんは、障害者とは思えないほど明るいですね。普通である私は甘えていたかもしれません。これからは、何かしてあげられることがあるか考えます」

というものだった。私は何だか複雑な気分だった。この人は感動し、ボランティアに目覚めたのだ。もちろん、悪気などなく、良かれと思っている。うーん、しかし……。障害者＝《イコール》明るくないと、誤解をしている。当然、いろんな人がいるのだ。そして、「～してあげる」という言動は失礼だと思う人もいるということを知らないだけだ。

実際、ボランティアさんの中にも、「～してあげたい」とか「～してあげる」としょっちゅう口にする人もいる。

「～してあげる」という言動は、結構簡単だし、感謝されればその人は良い気分になれる。お世話しているという充実感もあるだろう。

乙武《おとたけ》さんの本やインタビュー記事を読むと、「障害者だから」と自分を卑下《ひげ》することなく生きてこられたのは、間違いなく友達のお陰。もしも彼らが、「かわいそうだから一緒に遊んであげよう」という気持ちで付き合ってくれていたとしたら、今の僕はない、ということを書いている。

彼の活動も〝心のバリアフリー〟すなわち対等意識を目指しているものだ。

阪神大震災で被害を受けた障害者の皆さんの支援をするＮＰＯ「ゆめ・風・10億円基金」の事務局長、牧口《まきぐち》一二《いちぢ》さんもこう語っている。

「老いも障害も、世間が考えているほどマイナス面が占《し》めるのではなく楽しめる要素も十分にある。ピントはずれに同情されると困ってしまう」

同情は差別と偏見《へんけん》のひとつ。対等意識を持つ障壁になってしまう。

牧口さんもメチャクチャ明るい人で、本やテレビなどで「マイナスの価値」「障害のプラス面」「障害は個性・クセ」という表現で世の中へアプローチしている。

しかし、対等だからと言って、同じ生活、行動を求めると無理がある。あくまでも、違い、ハンディキャップを認め合った上でのことだ。

分かりやすいのは、例えば、パラリンピックだ。障害によって、オリンピックとは異なるルールで競い合う。

一度観戦したことがあるが、テレビ放送ももっと増えるといいなぁと思う。ただ、涙を誘う感動ものにするのもいいけれど、ひとつのスポーツ競技としての作りにしてほしい。オリンピックのように、白熱する試合に興奮し、応援したいと思う。

いろいろエラソーに書いてしまったが、説教臭かったらごめんなさい。

とにかく、恋人同志だって、夫婦だって、先生と生徒、上司と部下、政治家と国民、医師と患者、ボランティアする側とされる側……。人間はみーんな対等なのだ。こんな単純であたり前のことが難しくて、傷ついたりトラブルがあったりなんて、人間って複雑でやっかいな生き物だ。

ボランティアを手話で表すと、両手の人指し指と中指を交互に出して、平行に前に進める。まさに対等！　一緒に歩きましょって感じだ。手話ってすごい。

私が癒《いや》され救われてたんだ！

こんなふうに、ボランティア活動を通じて私はたくさんの鱗《うろこ》が目からハラハラと落ちた。仕事や学校では学べないことばかりだ。

ボランティアをしていると、人は皆、〝自立〟して生きようとしているんだなぁと感じる。そして同時に、誰かと誰かとたくさんの人と〝依存〟し合って生きているんだなぁとも感じる。〝自立〟と〝依存〟って相反するようだがそうではない。

他者と依存し合っているという自覚を持たなければ、自立の第一歩はあり得ないのだ。「誰にも依存せず頑張っている」などと自負する人がいたら、それはまわりが見えていないだけ。裸の王様だ。人は、たくさんの〝絆《きずな》〟に支えられている。

私は、人を救いたい、癒《いや》したいという気持ちでボランティア活動を始めた。

そして、ある時気付いた。

私が癒《いや》され、救われていたのだ。そして、育《はぐく》まれていた。ボランティアは、私に人間性を回復させてくれている。

その楽しさは、趣味や遊びや旅行では得られない。

天気のいい日、「あーゴルフ行きたいなぁ。今日、ボランティア入れなきゃよかったー」と、玄関で悔やむ。しかし、その帰りは、「あー、やっぱり行って良かったー」と、えも言われぬ感覚になるのだ。悔しいことも、ムカつくことも、全部ひっくるめて、ＯＫ！なのだ。やってみないとこのおもしろさは分からない。そして、このおもしろさは、どんどん広がりそうだ。

ボランティアは無限の可能性を秘め、とても奥深いものだ。当分やめる訳にはいかない。いや、ボランティアをしない人生は、私にはもう考えられないだろう。

これからも、泣いたり、怒ったり、時には立ち止まったりしながらも、仲間と楽しんでいきたい。

私のボランティア珍道中は、まだまだ続く。

おわりに

最後まで読んで下さってありがとうございました。

この本の原稿を書くのに〝ペンが止まる〟ということは全くありませんでした。（私は四百字詰め原稿用紙に、ＨＢのエンピツと特大消しゴムという、クラシカルなスタイルで書いています。今時、珍しいでしょ？）

マリアンナやパルーシャ、シーラ……平和村のたくさんの子供たちの声、白血病の患者さんの声、ボランティア仲間の声が書かせてくれたのだと思います。

私は、机に向かい、ひとり涙したり、苦笑したり、クックッと思い出し笑いをしながら書きました。

あなたに、何か少しでも伝わったでしょうか？

私は、ボランティアは自分にとっての究極の娯楽、レジャーだと思っています。もし、ボランティア活動の場でお会いするようなことがあれば、どうぞお気軽に声をかけて下さいね。ぜひ、情報交換をしましょう。

さて、私の思いがこうして本になるまでにはたくさんの方にお世話になりました。

感謝の気持ちをこの場でお伝えしたいところですが、お名前を掲げるとキリがありません。感謝の気持ちは比較できるものではありませんから、数人の方を選ぶことはとても難しいことです。

皆さま、本当にホントウにありがとうございました。そして、これからもどうぞよろしくお願いします！

ドイツ平和村ではみなさんからの寄付を募っています。
日本からの募金は、以下の口座で受け付けています。

東京三菱銀行　東京営業部
普通口座　口座番号2680343

名義人
Aktion Friedensdorf e.V

連絡先
フリーデンスドルフインターナショナル
P.O.Box 140162、46131 Oberhausen
Lanterstr. 21、46539
Dinslaken,Germany
TEL+49-(0)2064-49740
FAX+49-(0)2064-4974-999
http://www.friedensdorf.de/
e-mail : info@friedensdorf.de

この本を読んでボランティアに興味を持ってくださった方へ

私が何らかのかたちでかかわっているボランティア団体の
連絡先と活動内容を紹介します

ボランティア団体ガイド

●（財）骨髄移植推進財団　日本骨髄バンク

〒160-0022　東京都新宿区新宿2－13－12　新宿ISビル8F
TEL 0120－445－445　FAX 03－3355－5090
http://www.jmdp.or.jp

活動内容：骨髄バンクではひとりでも多くの患者さんを救うため、30万人の骨髄提供者を募集しています。募集にあたっては、ボランティアの皆さんが講演会を開いたり、ビラ配りをしたり、ドナー登録会を準備したりと尽力されています。ボランティア活動にご参加希望の場合は骨髄移植推進財団までご連絡ください。また、提供者としてのご登録もご一考ください。

●あしなが育英会

〒102-8639　東京都千代田区平河町1－6－8　平河貝坂ビル3F
TEL 03－3221－0888　FAX 03－3221－7676
http://www.ashinaga.gr.jp/

活動内容：自死（自殺）、病気、災害などで親を亡くした遺児に奨学金と心のケアをしています。神戸・震災遺児の心を癒す家「レインボーハウス」を運営し、トルコや台湾に「癒しの使節」を派遣し、海外の震災遺児のケアもしています。

●人権アクティビストの会

〒162-0063　東京都新宿区市谷薬王寺70　ブラザー若林301
TEL 03－3235－7610　FAX 03－3235－5071

活動内容：薬害エイズ事件において、人権を闘いとることの重要性を教えてくれた川田龍平氏の役割に学びつつ、現在様々な分野において差別と闘う人々と共に、立ちおくれた日本人の人権状況を変えて行くことを目的に1997年10月に発足しました。

●JHP・学校をつくる会
〒107-0052 東京都港区赤坂5−4−16 シナリオ会館6A
TEL 03−5563−2821 FAX 03−5563−2817
http://www.ne.jp/asahi/jhp/home/
活動内容：今、世界に教育の機会を奪われている子供たちがいます。その子供たちを援助するために、カンボジアの学校建設(46棟建設)、音楽、美術、衛生教育支援、ボランティア派遣などを行っています。「顔の見える国際協力」をモットーに、国境を越えて、ユーゴにも笑顔を分かち合う活動を進めています。現在、活動を支えてくださる会員を募集中です。

●民間障害者市民復興計画委員会「ゆめ・風・10億円基金」
〒533-8790 大阪府大阪市東淀川区東中島1−21−2−1107
TEL 06−6324−7702 FAX 06−6320−6068
活動内容：阪神・淡路大震災で被災した障害者たちを息長く支援するとともに、いつどこで起こるかもわからない大災害の備えとして基金を集めています。ニュースレターを発行して被災地の情報を発信しています。

●国際協力事業団（JICA）
〒151-8558 東京都渋谷区代々木2−1−1 新宿マインズタワー12F
TEL 03−5352−5058 FAX 03−5352−5032
http://www.jica.go.jp/Index-j.html
活動内容：国際協力事業団は、「人づくり、国造り、心のふれあい」をキャッチフレーズとして、開発途上国の国づくりの主体となる人材を養成する技術協力を行っています。そのために開発途上国の研修員の受け入れや、日本からの専門家、青年海外協力隊の派遣を行い、こうした人々の交流を通じて、技術の移転とともに、心のふれあいによる相互理解が生まれることを目指しています。

●日本赤十字社
〒105-8521 東京都港区芝大門1−1−3
TEL 03−3438−1311 FAX 03−3432−5507（青少年課・ボランティア課）
http://www.sphere.ad.jp/redcross/
活動内容：日本赤十字社は、人道的立場に立ち、あらゆる状況下において人間の苦痛を軽減し予防するために、紛争時や災害時における救援活動や平常時における公衆衛生活動などを、多くのボランティアのみなさんと行っている国際的な組織です。

●難民を助ける会（AAR）
〒141-0021 東京都品川区上大崎4−5−26 2−101
TEL 03−3491−4200 FAX 03−3491−4192
http://www.aarjapan.gr.jp/
活動内容：国内外の難民及び、紛争被害者の自立支援を目的とし、主に、カンボジア、ミャンマー、ラオス、ザンビア、ルワンダ、旧ユーゴ、北朝鮮で、職業訓練・技術指導、医療・衛生改善、地雷撤去・回避教育、障害者支援を行っています。

●アムネスティ・インターナショナル日本支部東京事務所
〒169-0051 東京都新宿区西早稲田2－18－23　スカイエスタ2F
TEL 03－3203－1050　FAX 03－8232－6775
http://www.amnesty.or.jp/
活動内容：世界人権宣言が守られる社会の実現をめざし、世界中の人権侵害をなくすため、国境を越えて活動を続けている国際NGOです。不当な理由で弾圧を受け、生命の危険にさらされているような人々を救うために、あなたの参加をお待ちしています。

●ワールド・ビジョン・ジャパン
〒169-0073 東京都新宿区百人町1－17－8　3F
TEL 03－3367－7251　FAX 03－3367－7652
http://www.worldvision.or.jp/
活動内容：開発途上国の子供と家族が、自力で生活していくことができるように支援し、世界の貧しい人々、自然災害や戦争などで苦しむ人々を助けています。

●コリアボランティア協会
〒544-0033 大阪府大阪市生野区勝山北3－8－31
TEL・FAX 06－6717－7301
http://www1.mesh.ne.jp/~ korea-v/
活動内容：民族・国境・ハンディを越えて、共に生きる社会を目指し、障害者・高齢者の日常介護、阪神大震災被災地支援、ボランティアデイサービスなど、行政の援助を受けずに全国からのカンパのみで、資金難ながら活動を続けています。

●アクアピースネットワーク
〒150-0002 東京都渋谷区渋谷2－9－11　マルサン青山ビル6F
TEL 03－3486－4660　FAX 03－3486－4448
http://www.aquapeace.com
活動内容：対人地雷撲滅のためアクアピースグアムマラソンや、車いすの子供たちが参加するアクアピース自然学校などを開催しています。また、協力いただいた企業、個人、団体をアクアピース番組やWEB、季刊誌などで報告、PRしていきます。

東 ちづる

広島県出身。会社員生活を経て芸能界へ。ドラマから司会、映画、舞台、ラジオ、エッセイ執筆、着物デザインまで幅広く活躍。また、8年前から骨髄バンクやあしなが育英会などのボランティア活動を続けており、休日を利用して講演会やシンポジウム、病院のお見舞いで全国各地を訪れている。
著書：『たいくつのパラダイす』（双葉社刊）

協　　力：テレビマンユニオン
　　　　　毎日放送
　　　　　ドイツ国際平和村
　　　　　マリオン（メディアリサーチ）
編集協力：小林ひとみ（プロダクション パオ）

わたしたちを忘れないで　ドイツ平和村より

2000年7月15日　初版第1刷発行
2012年5月22日　初版第9刷発行
著　者：東 ちづる
発行者：木谷仁哉
発行所：株式会社 ブックマン社
〒101-0065 東京都千代田区西神田 3－3－5
営業部 TEL 03－3263－3321
編集部 TEL 03－3237－7784
http://www.bookman.co.jp

印刷所：図書印刷
ISBN978-4-89308-409-5